时刻关注

二战经典战役纪实

核击日本

THE DISASTER OF NUCLEAR

二战经典战役编委会·编译

中国铁道出版社有限公司
CHINA RAILWAY PUBLISHING HOUSE CO., LTD.

前　言 | 核击日本

The Disaster of Nuclear

　　人类的历史既是一部战争史，也是一部武器发展史。随着人类历史的发展，战争的规模变得越来越大，武器也越来越先进。从早期两个部落之间用刀剑交锋，到近代几个国家数百万人在枪林弹雨中搏斗，直至第二次世界大战，战争的规模和激烈程度都达到了顶峰。先后有 60 多个国家和地区卷入到这场战争中，几千万人丧生。在战争中，火箭、雷达、飞机等武器悉数登场。可以看出，越到后期，武器发展越先进，战争的规模越大，死亡人数也就越多。

　　但原子弹出现后，这种情况却发生了变化。原子弹投下后，最凶残的日本法西斯很快投降，第二次世界大战结束。从那时到现在，全世界尽管局部战争不断，但更重要的是，世界性的大战再也没有发生。每当危机酝酿的时候，总有不少和平人士四处斡旋，呼吁用和平手段解决争端。可以说，最近这 70 年，是世界历史上最平静的时期，人口增长最快，经济最为繁荣，人们更懂得珍惜和平。之所以出现这种情况，和原子弹这种武器的独特性能密不可分。原子弹可以摧毁一个城市，可以影响整个气候，甚至可以毁灭地球。在原子弹面前，人类显得那么渺小，微不足道，和其他生物一样，在白光闪过之后，和地下的泥土没多大区别。在原子弹面前，人类赖以生存的地球第一次面临灭顶之灾。面对原子弹，人们不得不思考，战争的目的是什么？是为了得到那一片废墟？是为了和敌人同归于尽？每一个有理性的人都会清楚地认识到，当交战双方都以原子弹为武器时，没有胜利者，人类可能又会回到远古时期，下一次战争只能以木棒为武器了。

　　1995 年是世界反法西斯战争胜利 50 周年，美国时任总统克林顿在回答记者关于当年投掷原子弹问题时表示，尽管当时很多人丧生，这并不意味着杜鲁门总统当时的决定是错误的，也不意味着美国现在应该道歉。许多日本人对克林顿的讲话表示抗议，认为美国的举动严重违反了国际法。

　　的确，原子弹给广岛和长崎造成了将近 30 万人的伤亡，但日本又屠杀了多少别国人呢？仅仅在中国，就有数千万人在战争中死亡。仅仅在南京一个城市，日军就滥杀了 30 多万人，有些是放下武器脱去军服的士兵，大部分是平民。从 1937 年 12 月 12 日入城开始，

连续 10 多天，日军杀人放火，抢劫强奸，把南京变成了恐怖的地狱，这才是真正违反国际法的丧失人性的惊人的罪行。当时，日本没有制造出原子弹，他们滥杀平民时，使用的是刺刀和步枪，但南京的伤亡竟然比两个城市死于原子弹的人数还要多，日本难道不应该主动为自己的罪行道歉吗？直至今天，世界上大多数人尽管高喊禁止核武器的口号，但并不认为当年投在广岛和长崎的原子弹是错误的。没有原子弹，日本还会继续负隅顽抗，亚洲还会有更多的人牺牲。广岛和长崎的悲剧是由日本军国主义造成的，它才是应受谴责的对象。对于在日军屠刀下呻吟的亿万人民来说，原子弹使他们早日解脱了痛苦。

走进广岛和长崎的原子弹纪念馆，看到那被炸毁的建筑物残骸、那溶化在玻璃中的断手、那黑色的躯体，再对比馆外青青的草地、盛开的樱花、天真的儿童，每个人都会强烈感受到战争的残酷与和平的美好。广岛和长崎的原子弹爆炸是一本严峻的教科书，教育人类珍惜和平，远离战争。正如广岛市和平公园的原子弹墓碑所说的那样，"但愿这一错误不再重复"。

这里说的"错误"指的是当时的日本政府所选择的战争道路，它对别国和本国人民造成的伤害最大。据统计，截至 2008 年，世界上有 9 个国家拥有核武器，有 60 个国家拥有某种形式上的核能力，某些超级大国所拥有的核武器足以毁灭地球多次。目前，在缺乏有效的办法来防止这些核武器时，我们有理由为地球和人类的命运感到担心。

我们真诚地希望原子弹永远被正义之手掌握。我们更希望每个国家都选择和平发展的道路，不要重蹈日本的覆辙，不要重复日本的错误。真诚希望世界充满和平，希望广岛、长崎和南京的悲剧都不再重演。

战役备忘 核击日本
The Disaster of Nuclear

杜鲁门 | Harry S. Truman

　　原子弹是一种武器，从来没有人怀疑过可以使用它……我要依照战争法规所确定的方式，把它当做武器来应用。

爱因斯坦 | Albert Einstein

　　写信向罗斯福建议研制原子弹，是我一生最大的错误和遗憾。

马歇尔 | George C. Marshall

　　我们必须结束战争，必须保全美国人的生命，原子弹结束了战争，因此使用原子弹是理所当然的。

比汉 | Kermit K. Beahan

　　但愿我是世界上最后一个投原子弹的人。

★ 战争结果

　　据不完全统计，原子弹爆炸后，广岛当场死难者达 7 万多人，负伤失踪者 5 万多人。1985 年 7 月 20 日广岛市有关部门发表的原子弹被害者调查报告中公布：广岛市直接遭受原子弹侵害和受到原子弹辐射影响的被害人数达 49 万！长崎当场有 4 万多人死亡，约 7.5 万人受重伤。2003 年 8 月长崎市市长在"悼念原子弹爆炸死难者暨祈祷和平仪式"上宣布：在长崎市，遭受原子弹爆炸伤害并已经相继离开人世的人数，达到了 131,885 人。

★ 战役之最

a. 人类历史上迄今为止发生的唯一一次核打击；b. 人类战争史上两次伤亡最大的爆炸。

c. 一次战争档案中最惨不忍睹的记录。

★ 作战时间
1945 年 8 月 6 日至 9 日

★ 作战地点
日本广岛和长崎

★作战国家

核弹之父

美 国

出动 B-29 "超级空中堡垒" 轰炸机，在日本广岛和长崎投掷了重达 5 吨、长 4 米代号分别为"小男孩"和"胖子"的原子弹。

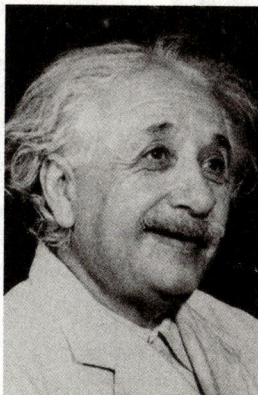

爱因斯坦 | Albert Einstein

爱因斯坦是 20 世纪最伟大的自然科学家、物理学革命旗手。1915 年他创立了广义相对论学说。1933 年纳粹攫取德国政权后，爱因斯坦成为科学界首要的迫害对象。后移居美国。1939 年，他获悉铀核裂变及其链式反应的发现，在匈牙利物理学家西拉德的推动下，上书罗斯福总统，建议研制原子弹，以防德国占先。

奥本海默

J. Robert Oppenheimer

美国理论物理学家和科学组织家。美国研制第一批原子弹 "曼哈顿计划" 的主要技术负责人。1942 年奥本海默负责筹建了阿拉莫斯实验室，次年任该实验室主任。在此期间，他组织领导了一大批世界著名的物理学家，研究、设计了首批原子弹。被称为"原子弹之父"。

日 本

第八大城市，人口为 34.3 万的广岛市和九州岛西海岸大港，人口为 40 万的长崎市成为了原子弹肆虐的场所。

★ 战争意义

在原子弹落下之前，日本军部一直不放弃所谓的 "本土决战"，因此，原子弹在促使日本迅速投降方面发挥了十分关键的作用。使用原子弹后，美国的外交政策发生了根本改变。杜鲁门抛弃了罗斯福的调和方针，而采取了强硬的外交政策来迫使苏联默认美国的东方和中欧计划。美国在日本广岛和长崎投放原子弹后，杜鲁门立即用核外交政策，迫使苏联削弱对欧洲的影响。这种政策直接导致了冷战。

作战示意图 | 核击日本
The Disaster of Nuclear

B-29轰炸机在日本的轰炸目标：1945年2月～8

燃烧弹的主要攻击目标

燃烧弹的其他攻击目标

×××　水雷投下的海域

原子弹爆炸地点

0　　　　　　　　　　　　　　200公里

朝鲜

8月9日
第2次投下原子弹
（死伤95,000人）

下关　宇部
×36　23
门司
八幡　21　小仓
福冈
22

佐世保48

大牟田
42
熊本
20

长崎

36

九　州

水俣

鹿儿岛
44

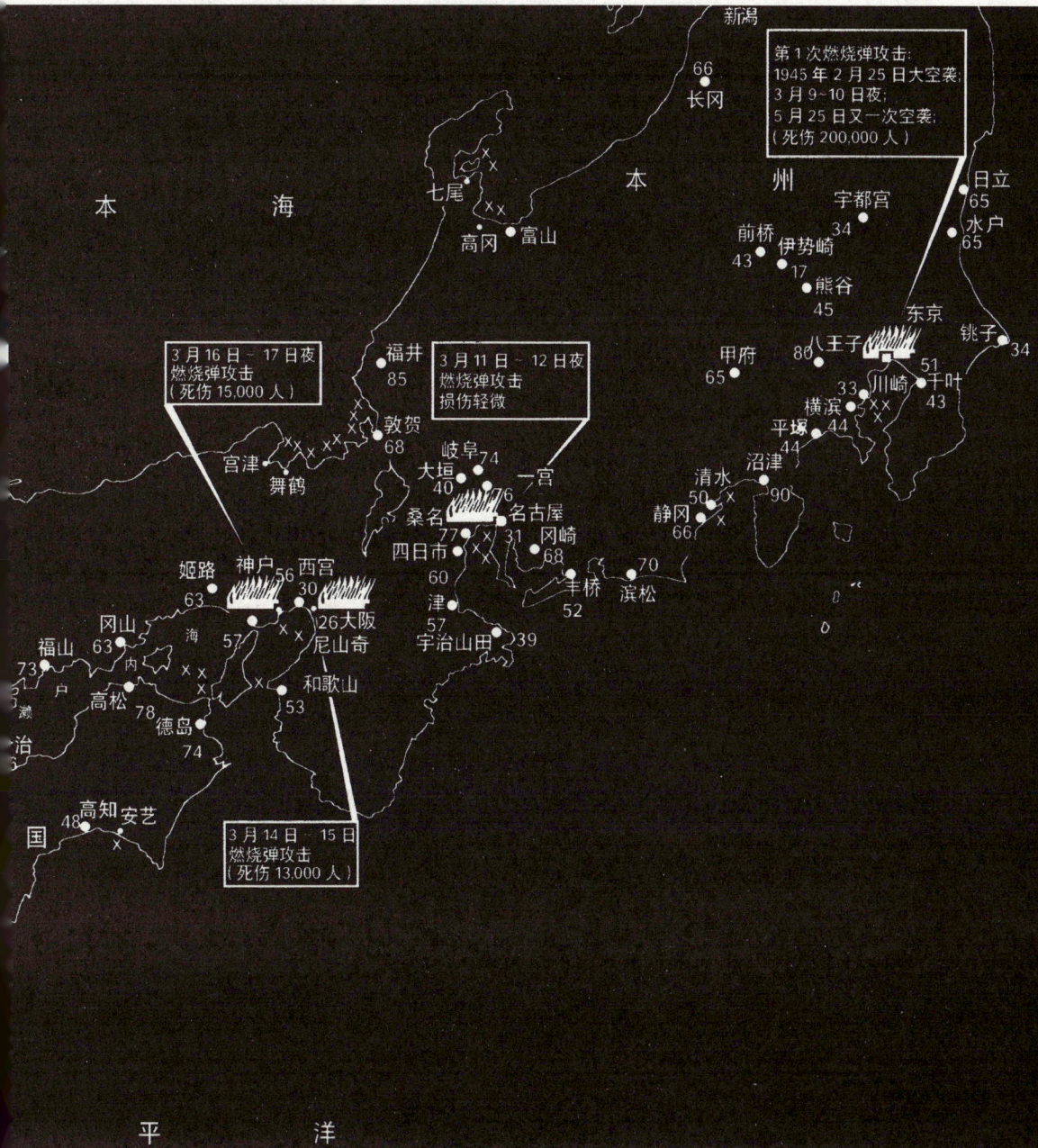

新潟

长冈 66

第 1 次燃烧弹攻击：
1945 年 2 月 25 日大空袭；
3 月 9～10 日夜；
5 月 25 日又一次空袭；
（死伤 200,000 人）

日本 海

本 州

七尾

富山
高冈

宇都宫

前桥 伊势崎
43   17 熊谷
         45

日立
65
水户
65

东京
八王子
甲府   80
65   33 川崎
          横滨 千叶 51
          44   43
平塚
44

银子
34

3 月 16 日～17 日夜
燃烧弹攻击
（死伤 15,000 人）

福井
85

3 月 11 日～12 日夜
燃烧弹攻击
损伤轻微

敦贺
68

岐阜 74
大垣 一宫
40   76
桑名 名古屋
77   31 冈崎
四日市   68
60 津
宫津   57
舞鹤

清水
50 90
静冈
66

沼津

姬路 神户
63   56 西宫
         30
海   26 大阪
57   尼山奇
冈山   和歌山
63   53

福山
73

丰桥 滨松
52

70

宇治山田
39

高松
78 德岛
74

内
濑 户
治

高知 安艺
48
x
国

3 月 14 日～15 日
燃烧弹攻击
（死伤 13,000 人）

太 平 洋

目 录 | 核击日本
The Disaster of Nuclear

第一章

夺命竞赛

　　尽管有很多人被称为"原子弹之父"，但原子弹其实是人类集体智慧的结晶，是众多科学家多年辛勤劳动的成果。德国没有首先制造出原子弹，这对德国科学家是一个打击，但对整个世界，则是一件幸运的事情。日本在战后往往以原子弹的受害者自居，但在战争中，日本同样急切地想掌握这种武器。假如其阴谋得逞，也许原子弹的受害者就是华盛顿或重庆，历史就要重写。

No.1 核时代到来

原子，在古希腊哲学中是"浑然一体不可分割"的含义。古希腊哲学家德谟克利特认为，世界万物都是由某种最小的物质组成的，他把这种最小的物质单元命名为原子。但是，长久以来，人们对原子的概念没有十分重视，在科学书刊中很少使用原子这个术语。

16 和 17 世纪，随着文艺复兴运动和近代科学的发展，原子学说逐渐引起了科学家的注意。18 世纪，以英国的卡文迪和法国的拉瓦锡为代表的化学家在实验中发现，自然界的物质尽管千变万化，但它们都是由一些有限的基本元素组成的。而每一种元素却是由一些化学性质相同的东西构成的，于是，德莫克利特的原子学说又被重新提起，声望大大提高。19 世纪初，英国的道尔顿通过科学实验和逻辑推理，证实了原子的客观存在，又一次验证了原子学说，并首次提出了原子量表。随着原子量测定工作的更加深入，人们不断发现新的化学元素。19 世纪 60 年代，俄国的门捷列夫在前人基础上编制了更加完整的元素周期表。这张表揭示了物质世界的秘密：所有的物质都由原子构成，它们之间有着密切的联系。在 19 世纪，几乎所有的科学家都认为，原子是物质的基本单位，也是最小的单位，用任何方法也不能把原子分开了。

1895 年，德国物理学家伦琴发现了一种奇异的光线，它穿透力很强，能把衣服口袋里的硬币和手的骨骼显示在底版上，这就是著名的"X 射线"。当时没有人能解释这种光线是怎样发射的，所以就取了名字叫"X"。好奇的科学家们纷纷开始研究这种神秘的光线。1896 年 3 月，法国物理学家克勒尔发现，铀盐在不受任何光源的照射时也可以使胶片感光，他证明了，铀元素是造成这种现象的原因。波兰科学家居里夫人重复了克勒尔的试验，她进一步猜想，是不是只有铀才具有放射这种性质呢？1898 年，居里夫人和德国物理学家施米特同时发现，钍元素也能发出新射线，他们把这种性质定义为"放射性"。这一年 7 月，居里夫妇和别的科学家合作，又发现了一种新元素，她把这种元素命名为钋，发音是波兰的第一个音节，是居里夫人为了纪念她的祖国而命名的。这年 12 月，她又发现了镭。并且经过 4 年的努力，她在 1902 年提炼出了 0.1 克的纯金属镭。镭的能量十分巨大，它的放射性相当于铀的 200 万倍，放射完毕，就会形成氦和铅两种新的物质。

放射性的发现促使科学家开始思考原子的内部结构，居里夫人在一篇文章里谈到了放射性能量的来源，她说："放射性物质的原子，从化学观点来看是不可分的，但在这里就可以分了。"1902 年，英国物理学家卢瑟福提出，放射性现象是原子自行蜕变的过程。在此过程中，一种元素的原子变成了另一种元素的原子，同时发射出射线。这些射线都来自原子核。卢瑟福的原子嬗变理论解释了许多实验事实，它的重要意义有两点：第一，完全

▲ 著名物理学家居里夫人。（左）
▲ 居里夫妇在工作。（中）
▲ 约里奥·居里夫妇，他们是居里夫人的女儿和女婿，也是著名的核科学家，1935 年诺贝尔化学奖获得者。（右）

打破了原子不可分的哲学和化学定义；第二，他将统计的概念引进到原子研究之中。由于这些贡献，他获得了 1908 年诺贝尔化学奖。

卢瑟福并没有满足于已经取得的成绩，证实原子可分之后，他和他的学生开始探索原子的结构。当时，比较流行的原子模型认为：带正电的部分和带负电的部分在原子内是均匀分布的。但卢瑟福在实验中发现，粒子在撞击原子的过程，有时能直线通过，有时却有大角度的散射。这意味着原子内部不是均匀的，有一部分很硬，是它导致撞击原子的粒子发生散射。

卢瑟福很快就提出了他的原子模型。这个模型很像一个行星，大部分的质量都集中在原子中心的一小部分上，电子围着中心转动，并占据着大部分的空间。大概而言，中心的原子核体积仅为整个原子的万分之一，但质量所占的比例却与之相反。他通过实验还发现，原子内带正电荷的粒子处于原子核中，他把这种粒子命名为质子。卢瑟福还预见说，原子核中还有一些不带电的粒子。这个关于原子模型的假说，打开了原子世界神秘的大门。

1913 年，又一部划时代的论著出现了，这就是丹麦物理学家玻尔的博士论文《论原子和分子的组成》，这篇著作使他获得 1922 年的诺贝尔物理奖。论文进一步完善了卢瑟福的原子模型，他提出，电子在原子内部是随着能量的不同一层一层按级分布的，越往里，能量越大。这种模型把量子理论和经典力学结合起来，为进一步深入研究确定了正确的方向。

为了进一步研究物质的放射性，科学家们不断用粒子去轰击原子。1928年，德国物理学家博特和贝克，在用粒子轰击铍元素时，发现被轰击的原子都出现了一种很强的不带电的射线。4年后，居里夫人的女儿伊伦·居里在实验中也发现了这种射线。但在当时，没有人认为这是新的物质，以为只是一种光量子的发射。在当时，许多人都重复了这种实验，但在轰击一些重的原子核时，往往一无所获。人们逐渐意识到，轰击所用的"炮弹"速度太慢，质量太轻，所以效果不好。1930年，美国加利福尼亚大学的劳伦斯提出，为了使轰击原子核的质子获得必要的速度，要发明一种装置使质子能够加速。次年，他研制出了一台"回旋加速器"，使质子获得了巨大的能量，能够轻易地射向原子核，并把它击碎，使它释放出能量。

1932年，英国物理学家查德威克重复了伊伦·居里的实验后，认为铍元素发出的这种射线很难用光量子发射来解释。他提出，这种射线是一种新的物质，它的质量几乎与质子相等，是一种中性粒子，他把它命名为中子。中子的发现，使科学家彻底打开了原子核的大门，原子的结构组成一旦为人类所洞悉，实际利用和控制原子能的目标就遥遥可期了。

1905年，德国物理学家爱因斯坦在狭义相对论中，提出了一个著名的质能公式，$E=mc^2$。这个公式说明，任何物质都有质量，也有相当的能量。物质的质量可以转换成巨大的能量，其大小是质量乘以光速的平方。当时没有人意识到，这个质能公式为核裂变、核聚变奠定了理论基础。

随着中子的发现，物理学家开始以中子为"炮弹"来轰击元素，借此来发现新的元素。1934年，意大利物理学家费米领导的研究小组用中子轰击元素时，发现用石蜡插在中子源和照射物之间时，放射性的强度可比原来大100多倍。另外，费米小组还发现，用慢中子轰击元素周期表92号之前的元素时，只能得到化学性质相同的同位素。但在轰击92号元素（铀）时，却得到一种化学性质完全不同，比铀还重的新元素。费米误以为，这是铀吸收中子后变成一种超铀元素。

历史老人把发现原子核分裂的机会留给了哈恩。哈恩是德国化学家，在卢瑟福的指导下工作过。返回德国几年后，他建立了自己的研究所，并和迈特纳建立了良好的合作关系，长期从事核反应后的元素辨认、分离和理论分析。

哈恩重复了慢中子轰击铀原子核的实验，结果证实，所产生的新物质却不是超铀元素，而是钡。由于钡的原子量是铀的一半，如果实验没有出现失误的话，这个结果就是意味着铀原子被一劈两半了。哈恩把实验结果写信告诉了迈特纳，希望她能做一些计算，从物理上找出这一现象的原因。

迈特纳是持奥地利护照的犹太人，德国占领奥地利后她成为纳粹迫害的对象，在朋友帮助下，她离开了哈恩的研究所，到瑞典的诺贝尔物理研究所从事研究工作。收到哈恩的信后，迈特纳和一位同事弗里施马上进行了长时间的计算和研究，在理论上对这一现象做了十分圆满的解释。在计算中，他们还发现，原子核被分裂成两块后，由于巨大的电磁斥力，两部分开始高速飞离。计算还表明，这两部分带有约 2 亿电子伏的动能。至于这个动能的来源，不可能是射入的中子，因为它的能量很小，那么，剩下的能量来源只能是原子核内部。迈特纳计算出，分裂后的原子质量比分裂前减小了，相当于质子质量的 1/5，按照爱因斯坦在狭义相对论中提出的质能公式，2 亿电子伏特正好相当于 1/5 质子质量的等价能量。

就这样，迈特纳和弗里施不但证明了原子核的分裂，还利用爱因斯坦的质能公式，揭示出人类能够把物质的部分质量直接转换成巨大的能量，这一点，连爱因斯坦当年都没想到。弗里施又继续进行实验，证实了铀原子的分裂，他从一位生物学家那里受到启发，借用细菌分裂时的"裂变"一词，来描述原子核的分裂，1939 年 2 月 11 日，英国的《自然》杂志正式发表了弗里施的文章，这标志人类进入了核时代。

No.2 希特勒错过了原子弹

弗里施关于铀裂变的文章引起了各国物理学家的极大关注，许多实验室不断重复着这类实验。各国的政界和科学界越来越密切地关注来自各国第一流物理实验室的报告。这时应该说从原子核裂变中获得巨大能量的实验已取得突破性进展，而哪一国能够首先把它转为实用，造出第一颗原子弹，那伴随而来的将不仅仅是科技应用的巨大成功，对于战争前夕相互敌对的双方来说，在实力对比上也将产生决定性影响。

德国物理学家朱斯给教育部写信，希望能重视弗里施的发现，为此教育部专门召开会议，讨论建立核反应堆的可能性和核研究的方向。并采取了一些行动，攫取捷克斯洛伐克的沥青铀矿。同时，汉堡大学物理学家哈特克也给德国战时办公室写信，提醒他们注意核物理的最新发展，并认为，如果能研制出比常规炸药威力大许多倍的新爆炸物，将使国家在战争中处于绝对的优势。战时办公室指令由迪伯纳来组建一个核研究办公室，组织有关专家进行研究。

1939 年 7 月，哈恩化学所的物理学家佛鲁奇发表了题为《获取原子核的能量在技术上是否可行？》一文，在文章中，他估计 1 立方米的铀的氧化物可将 1 立方公里的水提升 27

▲ 由于纳粹的迫害，许多犹太人流亡美国。画中前排右二为爱因斯坦。

公里。这篇文章不但引起了德国政府和军队的兴趣，也引起了盟国情报机关的关注。德国军需部在 1939 年 9 月成立了一个代号为"驱动火箭的新能源研究"的"铀俱乐部"，迪伯纳担任主任。他起草了一份报告，名字是《开始开发核裂变的准备工作》，不但对核研究的现状进行了估计，也对德国未来的工作提出了大体的规划。物理学家海森堡和冯·魏扎克等被召入这个俱乐部。

海森堡很早就研究核裂变的问题，他明确指出，能产生核裂变的铀是铀的同位素铀235。当高纯度的铀 235 材料拼在一起，如果超过几公斤的临界质量后，链式反应就可以在材料中迅速进行。

但海森堡又指出，铀 235 在天然金属铀中，含量不到 1/100，而且很容易裂变。要制造原子弹，首先要解决燃料问题，即从天然铀中分离出大数量的铀 235，这在当时工业条件下是一件很难的事情。不但工艺复杂，而且耗费巨大电能。因此有必要采用另一种方法，用缓冲剂将裂变时产生的中子减速，使它逃脱铀 238 的吸收，同时又增大了它与铀 235 的反应截面，这种反应可以控制，比较容易实现。海森堡提出，在理论上石墨和重水都可以作为缓冲剂。

1940 年初，冯·魏扎克计算出核反应堆至少需要用两吨氧化铀和半吨重水，于是，他在柏林开始建造供反应堆研究用的大型实验室。与此同时，海森堡在莱比锡、哈特克在汉堡、博特等人在海德堡也建立了类似的实验室。他们推断，如果有足够的重水，反应堆就有可能得到满意的结果，实现自持式链式反应。

世界上最大的重水生产设施在挪威，它每月能生产 10 公斤左右。德法战争爆发前，法国小组在政府支持下，抢在德国人前面把这个工厂现存的重水全部买下，偷运回法国。1940 年 4 月，德军占领挪威，哈特克等人对这家工厂进行改造，使重水产量提高 10 倍，但它还是远远不能满足德国研究的需要。

1941 年底，德国核科学家在铀的同位素分离、反应堆、原子弹等问题上有了大致的前进方向。他们最迫切的是能够得到政府在财力和人力方面的支持。但此时战线已经很长，德国的工业生产主要为前线战争服务。由于核计划是一个长期的工作，而且效果不能立竿见影，因此，德国最高统帅部大规模地削减科研人员和材料经费，把他们转移到见效快的研究工作上去。许多高级领导人对此项研究表现出漠不关心的态度，使许多科学家感到非常失望，悲观情绪笼罩在许多科学家的心头。

随着战争的加剧，德军统帅部的一些领导人从战争中意识到新技术在战场上的巨大作用，开始感觉到战争的胜负，可能取决于科学技术的新发现和新武器的发明。在军需部长

斯皮尔的建议下，经希特勒同意，由戈林元帅统一指挥德国的科学研究。

戈林是个更注重眼前效果的人，他下令停止一切只对战后有用的研究项目。核研究又一次面临停止的危机，因为军需部在报告中明确地说：原子研究没有明显而应急的军事重要性。戈林任命埃索为核物理研究的全权代表，迪伯纳等人失去了对核研究的部分控制权。埃索是个十分无能的家伙，他决定把核计划集中在核反应堆的研究上，年底又想放弃反应堆的研制，就这样，他的反复无常和无能使德国的核研究浪费了大量时间。

德国军需部长斯皮尔对原子弹很感兴趣，他了解到核研究在人员、资金和材料上遇到了众多困难时，就批给核研究200万马克的资助，但是，这些钱最后并没有落实到核研究上，而被挪为他用。

美国在开展此项研究的同时，也密切关注德国在这方面的进展。"曼哈顿计划"总部派出一个谍报小组，专门负责破坏德国制造原子弹的计划和行动，甚至刺杀或绑架德国科学家。小组名叫"阿尔索斯"，包括翻译人员，最初由13个军事人员和6个有军衔的科学家组成。1942年10月，他们获知德国正在加紧生产重水，经过周密计划，4名突击队员被空投到挪威的深山中，经过15天的滑雪，接近了德国的重水工厂，两个月后，又有6名突击队员赶到，在当地游击队的配合下，他们混过了德国人的岗哨，进入生产重水的车间，一举把半吨重水和部分设备全部炸毁。

1943年，德国修复了这座工厂，经过上次的教训，他们意识到在国内生产重水才是安

全的。于是，准备把这些设备装上"海特洛"号轮船运回德国。尽管行动十分隐秘，仍没逃过"阿尔索斯"小组的眼睛。在轮船起航之前，小组神不知鬼不觉地在船舱里放上了定时炸弹。1944年2月，"海特洛"号行驶到挪威延斯佐湖时，一声巨响，船身逐渐倾斜，"海特洛"号伴随着全部重水生产设备和最后一批重水，沉入了海底。这次行动充满了传奇色彩，战后被拍成多部电影，其中以《特立马克的英雄》最为著名。

1945年春天，德国核研究小组在斯图加特附近发现了一个岩洞，在那里建立了一座重水作减速剂的大型反应堆。但此时的德国，在战场上已经走到了尽头。这个反应堆和海森堡本人都被盟国俘获了。

在这场竞争中，德国本来具有绝对的优势：它手中拥有丰富的铀矿，攫取了捷克斯洛伐克的沥青铀矿，霸占了比利时1,200多吨精选铀矿石，还有本国的萨克森铀矿；其次，它还有发达的化学工业、先进的机械制造工业、雄厚的财力，远远超过欧美诸国；最重要的，它拥有大批素质较高的研究人才，还有起步较早的原子物理学研究。这一切使它具有了问鼎核科学这一新兴的尖端学科的实力。但德国却未能首先制造出原子弹来，原因是很复杂的。

首先，德国物理学界中有很强的保守势力，在现代物理学和传统的经典物理学发生冲突时，他们总是处于上风，并对政府的决策起着重要的影响。勒纳，1905年因对阴极射线的研究获得诺贝尔物理奖。斯塔克，因发现斯塔克效应获得 1919 年诺贝尔物理奖。他们两人从 20 年代就致力于"日耳曼物理学"的研究和分类，迎和纳粹的"日耳曼是最优秀的民族"这类宣传。他们不断晋见纳粹的高级领导人，在报纸杂志上不断发表文章，攻击爱因斯坦、普朗克、海森堡和他们的学说。反对现代物理学的运动，使德国的物理学教学和研究都受到很大损害，也使很多人对原子能产生错误的认识，阻碍了进一步研究的兴趣。全德只有一台回旋加速器，在战争快结束时，才开始运转。

1933 年 1 月，希特勒当上德国总理后，对犹太人等非日耳曼民族实施种族歧视和迫害，使身居中欧的大批科学家流亡到美国，其中仅物理学界的泰斗级人物就有爱因斯坦、玻尔、费米、西拉德等等。这一年，共有 20 位诺贝尔奖获得者辞职，包括 11 位物理学家。慕尼黑大学在索末菲的领导下，在原子研究方面成绩出色。1935 年他退休时，推荐海森堡接管，但纳粹当局拒绝了这一要求，最后还是让一个纳粹分子占据这个职务，此后，这个中心再也没取得什么成就。纳粹还在青年学生中大量煽动征兵，使一批年轻的研究人员踏上了战场，由于缺少一支年轻的研究队伍，研究工作难以继续。

其次，纳粹对核研究的组织极为混乱。希特勒强调说："德国教育需要的是个人为团体的牺牲精神，而不是科学助长起来的物质利己主义。"这就把科学研究和人的品德对立起来。德国的核研究靠的是政治狂热，而不是以科学为基础而开展的。舒曼被物理学家们嘲笑为只会奏军事音乐，埃索在 1942 年后的兴趣转向了细菌战。戈林也只关注研究工作立马奏效。教育部和军需部长期存在着矛盾，这严重影响了核研究的正常进行。军方没有指定专门的高级人员负责材料供应，科技人员又没有优先权，经费投入不足。这些都制约了研究的进行。

纳粹一直没有认识到核研究的重大意义。军队在抓获第一次破坏挪威重水工厂的英国突击队员后，没有详加审讯就把他们处决了，也没有采取措施来加强工厂的保卫工作，最后导致工厂完全被毁。

许多从事核物理研究的科学家的心情也非常矛盾，这使他们不能全身心投入到研究中去。海森堡在理论上看到原子弹可行后，预计到它会对战争产生决定性的影响。1941 年夏天，他拜访了玻尔，希望玻尔能联合各国物理学家，以技术困难为理由，共同阻止研制核武器。同时，他还十分关注原子弹的巨大破坏力对平民的伤亡，这又导致他和冯·魏扎克关于原子弹道德问题的争论。海森堡是德国核物理学家的灵魂，他的态度对核研究起了极大的延缓作用。海森堡在柏林与德国军队中的反对派有很密切的关系，这些反对派在 1944 年曾试图用武力推翻希特勒的统治，但未能成功。

德国成就巨大的科学家有个共性，倾向于基本原理和基本现象的探索，不愿从事平淡而繁琐的技术性工作。而一些从事具体技术性工作的人，许多被转入其他军事研究部门，这造成核研究的脱节。在铀的同位素分离和重水生产方面，研究最初都进展神速，但没人有效地把它过渡到大规模的工业生产。

就这样，德国在这场核军备竞赛中，由先进变为落后，始终未能造出原子弹。不过，这也许是人类的幸运，不可想象，一旦希特勒这个战争狂人掌握了这种武器，西半球的版图还是不是今天这个样子，人类会不会走向毁灭的边缘。

No.3 英美之间的卓越合作

在英国，汤姆逊、卢瑟福领导过的卡文迪实验室，在原子核研究方面曾做出了巨大的成绩。他们拥有发现中子的查德威克、静电加速器的发明人克饶夫、诺贝尔奖获得者乔治·汤姆逊等一大批优秀的物理学家。随着战争阴云的临近，这些科学家纷纷为战争服务，积极投身到最新的防卫武器雷达的研制当中，原子核的研究暂时停止了。1939年初，迈特纳和弗里施发现原子核裂变的消息传到了英国，查德威克等人只能在闲谈当中，分享铀裂变带给物理学界的激动。

在伦敦帝国学院任教的汤姆逊多次参与英国的国防研究，对新技术的军事应用价值非常敏感。得知核裂变的消息后，他建议政府对铀矿石的生产和买卖进行监视和控制。他成立一个小组，用放射源产生的快中子轰击铀氧化物，但没有观察到铀裂变时产生的次级中子再次触发新裂变的现象。小组又转向慢中子的研究，但仍没有取得预期的结果。汤姆逊由此认为，原子能的研究是不值得进行下去的。他的这种观点，加深了英国政府对核研究的怀疑态度。

弗里希在核裂变的研究中曾做出了重要贡献，他是玻尔物理研究所的实验核物理专家，德国入侵丹麦后来到英国。还有一名德国的理论物理学家和数学家派尔斯，因对纳粹不满也来到英国。1940年2月初，他们合写了一份报告，在理论和技术上第一次讨论原子弹的问题。报告首先陈述了铀235的链式裂变反应的机制、反应条件、反应时间等问题。报告认为，在任何情况下，包含着中子缓冲剂氢的铀235不可能作为有效的超级炸弹。最后，报告讨论了在工业规模上分离铀235的可能性，认为纯铀235可以用作这种炸弹的材料。结论是，用重量不大的纯铀235确实能做成极有效的爆炸物。由于缺少实验数据，他们估计原子弹的最少临界质量是600克。对于原子弹的威力，报告认为5公斤铀235的威力，相当于几千吨硝化甘油炸药产生的爆炸力。关于原子弹的实际装置，他们认为处于亚临界状态的铀材料是很安全的，发明一种把几块亚临界的铀材料推合在一起的装置，是提高核爆炸效率的关键。报告还提到了原子弹的放射性污染问题。认为对于生物来说，即使在爆炸发生很长时间后，还会有毁灭性的灾难。

这份报告极大改变了政府和科学界对原子弹的看法，大家都怀着极大的兴趣关注着这件可以被实现的超级武器。1940 年 4 月，英国政府成立了一个负责核研究的专门委员会，该委员会隶属于空军，主席是汤姆逊，成员包括查德威克等一大批英国籍的核物理专家。委员会为自己起了一个"贸德"的代号，这其实是玻尔家中保姆的名字。9 月，又成立了一个技术委员会，把在英国的所有核物理专家都吸收进来。到了年底，他们通过实验和理论计算得出结论，自持式链式反应可以在氧化铀与重水组成的反应堆中进行。他们还估计了反应堆所需的重水数量，这远远超过了当时英国的生产能力。

科学家们在实验中发现，用金属铀要比用氧化铀效果好。当时英国不具备生产高纯度金属铀的技术，查德威克就请美国有关高校为英国提供这方面的技术，同时在伯明翰大学化学系投入力量，开始在实验室小规模生产。他还认为，核研究应该与工业界合作，为此，他设法将氧化铀的研究和生产任务交给了英国帝国化学工业，该公司不久就制订了这方面的商业生产计划。

在铀的同位素分离方面，弗里希在报告中曾提出，用热平衡法，但这个方法效率很低，不能实际应用。恰在这时，受纳粹迫害逃到英国的西蒙教授发明了气体扩散法，这种方法费用省，生产量大，具有实际应用价值。

查德威克还邀请军队的武器专家对原子弹的触发和爆炸力等问题进行探索，专家们肯定了原子弹的威力，并认为引爆装置是可以解决的。

1941 年 7 月，汤姆逊和查德威克为贸德委员会起草了两份报告，分别是《铀作为一种爆炸物的用途》和《铀作为一种动力的用途》。在前一份报告中，他们的结论是：有可能制造出一种有效的铀弹，威力相当于 1,800 吨 TNT 炸药。它还会释放出放射性物质，长时间对人类生命有直接危害。这个报告还附有关于原子弹、原子弹的破坏力、材料生产、铀的同位素分离等五份很详细的技术报告。第二份报告首先分析反应堆作为动力和生产放射源的装置的重要性，然后认为这个计划需要很长时间，从战争角度而言，它不值得认真考虑。

1941 年 9 月，这两份报告转到政府科学顾问委员会防务服务小组，小组又提出了一份报告，除了强调研制原子弹的重要性和优先权之外，还提出了一个很具体的时间表。8 月，丘吉尔首相得知了贸德委员会的报告，全力支持这方面的研究。战争内阁部长安德逊把核研究组织从空军中独立出来，归属于政府工业和科学研究委员会之下，将贸德委员会改组为"管合金董事会"，任命帝国化学工业公司研究部主任艾克斯为新的委员会主任。

由于英国处于战争状态，对原子弹研究不论是在财力、人力和安全保障上都受到极大的限制。经过反复争论，政府科学顾问委员会建议，在英国研制气体扩散实验装置，把核反应堆和大型铀同位素气体分离工厂建在加拿大，因为这个国家与英国联系较多，在很多方面还受英国控制。有些必要的零件，可以在美国加工。

就在英国的核研究陷入争论和停滞状态时，美国在布什和科南特的领导下，集中物理学、化学等方面的专家，向核研究靠拢。他们的协调发展立即显示了巨大的效果。之前，在战争开始后，美英就达成了协议，互相交换与军事应用有关的情报。布什和汤姆逊都认为，核研究不能仅仅是两国之间的协调研究，而应是两国的一个联合开发计划。10月，美国总统罗斯福给英国首相丘吉尔写了一封信，说："看来我们有必要就你的贸德委员会和布什博士的组织所考虑的问题，交换一下意见和看法，使我们能够在这个问题上进一步加强合作，或者联合采取行动。"1942年7月，两人又在海德公园谈到这一问题，丘吉尔说："我们了解到德国正在全力以赴获取重水，重水这个恐怖的词，正开始载入我们的秘密档案。一旦他们赶在我们面前造出炸弹，那将会出现什么样的局面。尽管我们怀疑科学家发表的有些观点，而且他们之间也有争议，但我们不能冒险，让对手在这个可怕的领域赶到我们前面。"尽管两国政府的一些官员因为制造这种武器的专利权发生争议，但两国领导人都强调要紧密合作。

1942年底，美国不仅在建设规模上，而且在很多技术问题上都超过了英国。布什和科南特反对英国把反应堆和铀同位素气体分离的研究工作交给一些公司，怀疑英国具有商业动机。他们也相信，当时的美国已经不再需要英国的帮助。另外，美国曼哈顿计划最高指挥格罗夫斯，怀疑英国与苏联签订的相互交换武器情报的协定。在此背景下，美国对两国人员交往开始限制。

这一行动震惊了英国，经过协调和交涉，在英国保证他们没有商业意图，并接受了美国的一些条件。随后，丘吉尔与罗斯福在1943年8月签订了"魁北克协定"，根据协定，美英成立了一个联合决策委员会，查德威克成为英国方面负责人。他意识到，要坚持与美国全面合作，让尽可能多的英国专家得到训练，全面掌握核技术，为英国积蓄人才。由于两国科学家之间的相互信任和坦诚，他们实现了卓越的合作。英国在洛斯阿拉莫斯的核物理学家，为美国原子弹的研制成功做出了巨大的贡献，同时，也为英国原子弹的发展，奠定了成功的基础。

在积极开展核研究的同时，英国的核专家们还建议情报机关收集德国的研究情报，破坏德国的核研究计划。1942年底，英国情报机关通过挪威的游击队，成功地动员挪威重水工厂的总工程师布龙带着全部的工厂设计图逃到英国。1943年2月，又成功地破坏了德国重水工厂的主要生产设施。同年夏季，在德国修复了这个工厂后，英国又和美国空军合作，多次轰炸这个工厂。在德国把产品和设备运回德国的途中，英国又对轮船进行破坏。这些行动非常有效地阻碍了德国的核研究计划。另

▲ 日本核物理研究的权威仁科芳雄博士。

外，英国情报机关与丹麦地下抵抗组织合作，帮助丹麦物理学家玻尔逃出丹麦，对美英核计划的成功起了重大的作用。

No.4 望"核"兴叹的日本"仁方案"

早在太平洋战争爆发前，日本军界上层对原子弹最早感兴趣的是安田武雄将军。他毕业于日本东京大学，曾担任陆军航空技术研究所所长，后来担任帝国空军参谋长。安田武雄十分关注国外在军事方面的科技进展情况，自然也注意到了核裂变的发现。1940年4月，在得知核裂变具有极大的军事潜力后，安田武雄向他的老师嵯峨良吉教授请教这一问题，嵯峨良吉曾到美国，结识欧美一些年轻的物理学家，对核物理的最新发展比较了解。在安田武雄的要求下，嵯峨良吉以书面意见指出，核物理的最新成就在军事领域内大有潜力。日本陆军大臣东条英机见到了这个书面意见后，指示让专家研究这个问题。1941年5月，安田武雄指令日本物理化学研究所讨论研制铀弹的可能性，由日本著名的核物理学家仁科芳雄教授负责。

仁科在东京的实验室制造了一台小型回旋加速器，并根据美国物理学家欧内斯特·劳伦斯捐赠的设计图纸建造了第二台有250吨磁铁的大型加速器。这个实验室很快吸引100位日本青年科技人员投入这个庞大的研究之中。头两年，他们基本上致力于理论计算，比较各种区分铀同位素的方法和寻找铀矿。

在陆军开展核研究的同时，日本海军也开始了原子弹的研究工作。1942年初，海军开始了原子动力能的研制开发。海军部认为，研究核物理已成为一项重要任务。美国在这方面的研究正在迅速进行，由于一些犹太科学家的帮助，他们在这方面已取得很大的进展。

日本研究的目标是通过核分裂取得惊人的能量，为船只和大型机械提供可靠而巨大的动力源。为此，海军技术研究所成立了一个核物理成就利用委员会，追踪国外的研究进展情况。委员会成员有日本的第一流物理学家嵯峨野良吉、荒胜文策、菊田正四等，仁科芳雄当选为委员会主席。至 1943 年 3 月，委员会相继召开 10 次物理讨论会，他们估计制造一颗原子弹需要几百吨铀矿石，分离出铀 235 大约要消耗日本全年发电能力的 1/10 和全国铜产量的 1/2。讨论会得出结论说：从理论上造出一颗原子弹是可能的，但需要 10 年左右时间。他们还认为德国和美国都没有多余的工业能力可以及时地生产出原子弹来用于战争。在确信核物理研究在短期内不能取得任何成果后，海军便解散了这个委员会。

但仁科芳雄继续为陆军（日本空军归陆军部统辖）研制原子弹，他的计划和美国"曼哈顿工程"十分类似，武器设计开发与生产铀 235 同时进行。1943 年 5 月 5 日，仁科芳雄向空军司令部递交了一份报告。认为制造原子弹在技术上是可行的。随后，安田武雄把

▲ 一位美国研究人员在 2 号原子弹前留影。

报告转呈给已经成为首相的东条英机。帝国空军司令部以仁科报告为基础批准了一个秘密计划，代号为"仁方案"，它是以负责人仁科芳雄的名字的第一个音节命名的。

东条英机审阅了仁科的报告后，马上指示空军司令部总务课长华岛，凡是计划所需要的资金、材料、人力，都要优先拨放。仁科芳雄对华岛说："人，我们已经有了，主要困难是铀，希望军队帮助我们搞到铀。"从1943年夏天起，华岛派了一批又一批人跑遍了日本列岛和朝鲜半岛各个著名的矿产地，带回了各种矿石标本，但都不含铀，而"仁方案"迫切需要氧化铀用来实验。于是，日本向德国求助。1943年底，德国派了一艘潜艇将一吨铀矿运往日本，但它在马六甲海峡被美军击沉。随后，德国在苏德战场已自身难保，更无暇顾及日本的请求。由于多种条件的制约，"仁方案"从开始执行到1944年7月东条英机内阁垮台，一直处于实验室研究阶段。随着战局的恶化，原子弹的研究也更加紧张地进行。此时，"仁方案"组开始了分离铀同位素的试验。直到1945年初，一共进行了6次铀的分离试验，但结果都以失败而告终。

1945年的春天，盟军在战场已经取得绝对的优势，美国的远程轰炸机B-29开始袭击日本城市。此时，"仁方案"组抓紧时间工作，分离铀235的试验渐渐出现成功的迹象，许多成员都欣喜若狂。但仁科芳雄并不乐观，他很清楚，为了得到一枚原子弹所需的铀，需要庞大的技术设备和足够的铀矿石，这一切随着日本战局的恶化已经很难实现。

1945年4月13日，罗斯福总统去世，当天，有160架美国B-29飞机轰炸东京。航空技术研究所49号楼被炸毁，里面有"仁方案"实验室和铀同位素分离器。至此，"仁方案"组已经无法继续研究。

航空技术研究所被摧毁后，日本的核研究在京都大学的实验室里继续进行。1945年7月22日，荒胜文策等几位物理学家与海军代表举行会议，这些科学家向海军将领说："从理论上，制造原子弹是可能的，但根据各方面的情况，要想在当前这场战争中使用原子弹，谁也办不到。"具有讽刺意味的是，此前的7月16日，美国的原子弹试爆已经成功，只是消息被严密封锁，日本当局不知道罢了。

两周后，日本广岛遭到美国原子弹的轰炸，仁科芳雄等专家被军部派往广岛现场。返回后，军部大本营对这些科学家说："我们将在长野的山下用花岗石为天皇陛下建设一个地下堡垒，一旦美军登陆，日本军队和民兵将不惜任何代价坚持6个月。如果你们能在这个期间制出原子弹，我们就可以把美军赶进大海，保全天皇和我们大和民族。"仁科芳雄终于回答："不要说是6个月，就是6年也不行。我们没有铀，也没有电，我们什么也干不成。"历史无情地宣告了"仁方案"的彻底破产。

第二章

魔鬼"三兄弟"

　　格罗夫斯曾领导修建了著名的美国国防部大楼——五角大楼，当他被任命为"曼哈顿工程"的负责人时，他有一种大材小用的失落感。没想到，这项工程缔造的那三个可爱的"孩子"，竟然个个身手不凡，为他赢得了历史性的声誉。而爱因斯坦听到这三个"孩子"出生的消息后，却深感遗憾地说："如果当时我知道德国人在制造原子弹方面不能获得成功，那么我连手指也不会动一动的。"

No.1 爱因斯坦的来信

西拉德是个很奇怪的人，他出生在匈牙利，后来到柏林学习。他的理想是做个工程师，在爱因斯坦等人的影响下，他又立志作个理论物理学家。从事理论物理之后，他又搞了很多发明创造，比如冰箱、炸弹、避孕工具等，五花八门。20世纪30年代，纳粹德国排斥外来民族的政策使他无法在德国立足，不得不跑到英国。

到伦敦后，他听说理论物理学的权威卢瑟福预言，不能通过原子核的裂变来获得能量，因为原子裂变产生能量的效率极低，获得能量只能是纸上谈兵罢了。但西拉德是一个喜欢挑战权威的人，他最开心的事情是证明权威的错误。

根据他在德国从事核物理研究的经验，深知如果能有一个以上的中子被释放出来，连锁反应就有可能发生。于是，他拜见了卢瑟福，向他阐述了自己关于链式反应的想法。但卢瑟福把他斥为十足的幻想，这次会面不欢而散。

欧洲战争爆发后，西拉德来到美国哥伦比亚大学。这年的3月6日，德国开始侵略捷克斯洛伐克。西拉德是一位对政治敏感、性情急躁的人。他不仅看到了战争的变化，也预想到核裂变释放的巨大能量可能会对战争产生决定性的影响。为此他开始大声呼吁，对纳粹德国要封闭核物理研究的成果，科学家们不要轻易发表自己的文章。他还特意给巴黎的哈尔本写信，请在核物理研究方面比较领先的巴黎小组，不要再公开关于链式反应的研究进展。西拉德的这种倡议立即得到了德国以外有关核研究的科学家的支持，在几个月内，他们自发成立了一个审查委员会，对那些有潜在军事用途的研究文章不再公开发表。从欧洲逃亡的科学家们都很清楚，德国的科学研究正在组织起来为战争服务，他们担心希特勒这个战争狂人会利用原子能来征服世界。因此，这些逃难者开始大规模地游说活动，希望美国政府采取行动，加快原子弹的开发。

费米是从意大利来到美国的侨民，与官方没有直接的联系。他请求哥伦比亚大学研究生院主任皮格勒姆给美国海军负责技术研究的胡柏上将写了一封信，建议两人会面。胡柏对原子物理一窍不通，他礼节性地会见了费米。费米提到，用慢中子实现可控核反应和用快中子实现核爆炸的可能性，胡柏认为这只是一个天方夜谭。但海军实验室的一些科学家正在为潜艇寻找一种新的动力，他们想到也许核物理能解决这个问题。

1939年6月，美国物理年会在普林斯顿大学召开，海军的科学顾问们在会上表示，海军愿意提供经费，主要用于潜艇研制新动力之用，但数量很少。

7月，德国物理学家弗留格博士在《自然科学》第七期发表一篇文章，详细阐述了铀的链式反应。西拉德等人看到这篇文章后，马上意识到，既然纳粹分子的报刊已经公开报道了

▲ 伟大的物理学家阿尔伯特·爱因斯坦

这么重要的东西，德国的核研究一定进展非常迅速。同时，从欧洲传来消息说，德国占领捷克斯洛伐克后，禁止这个地区向外出口铀矿。形势已经越来越明朗了，在制造原子弹的研究中，德国在政府的支持下，正大踏步前进。

面对这种情况，西拉德异常焦急，他找到普林斯顿的核物理学家维格纳商量这件事，他们想到了一个被白宫另眼相看的巨人，希望通过他去直接影响白宫的最高首脑罗斯福总统。这位巨人并不是什么达官显要，而是饮誉全球的物理学界泰斗，来自德国的阿尔伯特·爱因斯坦。

爱因斯坦并不直接研究核物理，但出于科学家的敏感，他也很关注这门学科的发展。1933年纳粹执政后，爱因斯坦因为犹太人的身份，被德国当局缺席判处死刑。他的家被抄，财产被没收，著作被焚毁，他的相对论被德国当局宣布为"犹太人的谎言"。在这种情况下，他移居到美国，并把德国护照退还给纽约的德国领事馆，并发表声明，不再回德国。被迫离开德国后，爱因斯坦对德国发展原子弹的传闻十分注意。当西拉德提议，以他的名义给美国写信加快核研究后，他马上答应了。但谁又能把这封信转交给美国政府呢？他们想到了纽约银行家亚历山大·萨克斯，他是美国总统罗斯福的朋友，也是总统的非正式顾问。

萨克斯听完西拉德的陈述，对这件事非常支持。在华尔街的银行大厦中，他们几位又对这封信进行了认真商讨，对核研究提出了具体的建议，着重强调政府、科学家和工业界的密切合作发展，希望罗斯福总统指定专人负责协调。信中还警告政府，德国已经完全控制了捷克斯洛伐克的铀生产，并且有可能开始了原子弹的研究计划。1939年8月2日，西拉德、维格纳和泰勒驱车来到纽约长岛，找到了正在这里休养的爱因斯坦，请他在代为起草的致罗斯福总统的这封信上签名。这封信写道：

美国总统罗斯福先生阁下：

我从寄给我的一些书面报告中，了解到费米和西拉德两位先生正在进行的一些工作。我感到，在不久的将来，铀这种元素会成为一种新的重要能源。这种形势有些方面看来丞需加以关注，如有必要，政府应果断采取行动。因此，我感到我有责任提醒您注意以下的事实及建议：

在过去的 4 个月中，由于法国的约里奥及美国的费米和西拉德已经研究发现：在大块铀中可以实现链式反应，这一反应将产生巨大的能量和大量放射性元素。现在几乎可以肯定，这在最近的将来是能够实现的。这一新的发现也可以用于制造炸弹，这是一种威力极大的新型炸弹，如果用船载着一枚这样的炸弹去轰炸一个港口，就可以完全摧毁整个港口连同它周围的部分地区。但这种炸弹也许过于笨重，很可能不能空运。

美国拥有一些铀矿，但质量不太好，且数量不多。加拿大和捷克斯洛伐克有一些比较好的铀矿，最重要的铀矿资源在比利时所属的刚果。

鉴于以上情况，政府最好是同那些正在从事链式反应的核物理学家保持经常性的联系。对您来说，做到这一点的一个可取的方式是，把这项工作委托给一位您完全信任的人，他不妨以非官方的身份出面。他的任务主要是：

一、沟通政府各部门，及时将进展情况告诉他们，并向政府提出行动建议，尤其要特别注意美国铀矿石的可靠供应这个问题；

二、为加速目前一直在大学预算范围内进行的实验工作，如要需要这样资金的话，可由他组织那些愿意为这项事业做出贡献的私人提供资金。并且，或许也可以靠他取得具有必要设备的工业实验室的合作。

我了解到，德国已经接管了捷克斯洛伐克的铀矿，停止了那里铀的出口。可以理解，为什么德国这么早采取先发制人的行动。因为德国外交部国务秘书的儿子卡尔·冯·魏扎克就是柏林威廉皇家研究院的成员，在该研究所里，眼下正在进行着一些美国人同样进行的研究。

您的忠诚的阿尔伯特·爱因斯坦

在这封已经拟好的信上，爱因斯坦签上了自己的名字。1939 年 10 月 11 日，萨克斯把它送到了罗斯福的办公室。刚开始，罗斯福听得津津有味，但一个小时后，他有些心不在焉。他向萨克斯指出，政府正处在困难的时候，恐怕难以承担耗资如此巨大的计划。萨克斯感到很失望，告别前他向总统提出，能否明天再来一次。罗斯福便邀请他明天共进早餐。

整个晚上，萨克斯彻夜难眠，他明白原子弹这件事关系到一个国家的生死存亡，当曙光出现的时候，他终于想到了一个好主意。第二天，萨克斯被领到餐桌旁，罗斯福总统正坐在转椅里。"你又有什么绝妙的想法？"总统用开玩笑的口吻问。

萨克斯答道："我只想给您讲个故事。"

故事的主人公是拿破仑，当时法国正准备征服英国，美国的蒸汽船发明家富尔顿来到这位皇帝面前，他提议建立一支由蒸汽机舰艇组成的舰队，无论什么天气，都可以到达英国。在拿破仑看来，没有帆的船怎么可能航行呢？他不容分说就拒绝采用这种新式武器。后来，英国历史学家阿克顿评价说，如果当时拿破仑能够慎重考虑富尔顿的建议，19 世纪的历史也许是另一种面貌，这是由于缺乏见识而使英国幸免的一个典型事例。接着，萨克斯又给罗斯福念了一位英国物理学家最近作出的预言，内容是原子弹的问世是绝对的。

罗斯福微微一笑，说："萨克斯，你希望我们不要被纳粹用原子弹炸死？"

萨克斯回答说："正是这样。"

罗斯福沉思了一会儿，然后把自己的军事顾问沃森将军叫来，他有个绰号叫"老爹"。总统指着这封信说："老爹，我们要对此事立即采取行动。"

随后，罗斯福召开内阁会议，专门讨论爱因斯坦的来信。他责成自己的军事顾问沃森组成一个铀的顾问委员会，由政府来控制铀的研究。沃森提议由美国国家标准局局长布里格斯担任委员会主席。布里格斯对核研究并不热情，他毕竟不太了解原子弹这个新玩意儿。10 月 21 日，他主持召开了这个委员会的第一次会议。在会上，西拉德要求购买石墨建立一个能产生链式反应的系统。泰勒、威格纳这些专家都表示赞同，但海军、陆军的代表们都表现得无动于衷。一位海军上校问起原子弹的威力，西拉德说："2.2 磅的铀大概相当于2000 吨 TNT 炸药。"这位上校仍不为所动。他不屑地说："有次军械库大爆炸，我就站在旁边，也没被震倒。"一位陆军上校说："战争的胜利取决于士兵，而不是某种新式武器。"威格纳极富涵养，此时也忍无可忍，插话说："如果新武器没什么用处，那陆军的预算自然要大幅度削减。"

"算啦！算啦！给你们钱就是。"这位上校气急败坏地说。

最后，铀委员会正式向罗斯福提出了一项报告，认为原子弹肯定可以制成，但需要的时间可能很长，需要解决的问题很多，也很复杂。不管如何，美国的核战车终于启动了，而日本此时正在中国南部掀起战火。日本人万万想不到，两颗摧毁性的炸弹正向他们袭来。在大洋彼岸，5 年后使他们迅速崩溃的种子已经悄悄播下了。

No.2 紧锣密鼓进行的"曼哈顿工程"

在西拉德、费米等人积极游说政府，努力获取支持的时候，劳伦斯等人却在无意中接近了原子弹研究的大门。他是回旋加速器的发明人，曾获得诺贝尔物理奖，主持加州大学伯克利分校的辐射实验室。他和朋友麦克米伦、艾贝尔森在高能粒子的实验中，发现了钚239 的存在。根据玻尔的预言，钚239 也是一种可裂变元素。在英国朋友的影响下，劳伦斯开始注意到钚的军事价值。1941 年 7 月，他在美国核研究史上第一次具体地提出了原子弹的构造模型："如果有大量 94 号元素，快中子也可以产生链式反应，这个反应释放能量的速度将是爆炸性的，可以看作一种超级炸弹。"

与此形成对照的是，布里格斯的铀委员会的工作没有取得太大进展，很多物理学家对此意见纷纷。在布什的提议下，罗斯福总统于 1941 年 6 月 28 日下令成立政府科学研究发展办公室，布什被任命为办公室主任。原国家防卫研究委员会成为科学研究发展办公室的一个下属机构。哈佛大学校长、化学家科南特接任国家防卫研究委员会主席。布里格斯的铀委员会升级为科学研究发展办公室的一个分部，又称 S－1 委员会。

布什改组了铀委员会，增加了一些重要的核物理学家，又让科南特与劳伦斯等人会谈，全面考察核研究。科南特认真调查之后，向布什提出了加快研制原子弹的必要性。布什向罗斯福总统和华莱士副总统汇报了核研究的重要性和当前进展的情况。罗斯福总统决定由布什全权负责核研究，并表示要为原子弹的研究提供巨额费用，并将这一计划的秘密控制在政府军事政策委员会范围内，这个委员会是由几位政府最高领导人组成的。

1941 年 12 月 6 日，布什把一些核物理学家召到华盛顿，正式传达了罗斯福总统的指令。科南特宣布，他将作为布什在 S－1 委员会的私人代表，协调核计划的发展。会议确定了各项具体工程计划的负责人，尤里负责铀同位素气体分离的研究，劳伦斯负责铀的电磁分离，标准石油公司研究部主任默弗里主管一切与研究和生产有关的工程计划问题，康普顿负责反应堆的研制、钚的分离和快中子及原子弹本身的理论研究。

接到 S－1 委员会的指示后，康普顿改组了他所在的芝加哥核研究组，升级为代号"金属实验室"的大研究计划，一大批杰出的物理学家，如费米、维格纳、惠勒、贝特、西拉德和泰勒都应邀到该实验室工作。计划的理论部分先是由威斯康星大学的布赖特领导，后来由伯克利分校的奥本海默领导，直接从事原子弹的理论和设计。

战争的阴云已渐渐笼罩到美国，加快核研究已成为当务之急。随着美国经济渐渐转向战争，许多公司都不能在短期内完成 S－1 委员会的许多计划。布什发现，只有把 S－1委员会纳入到军队中，才能得到优先的发展。科南特进一步补充说，纳入军队中后，部分

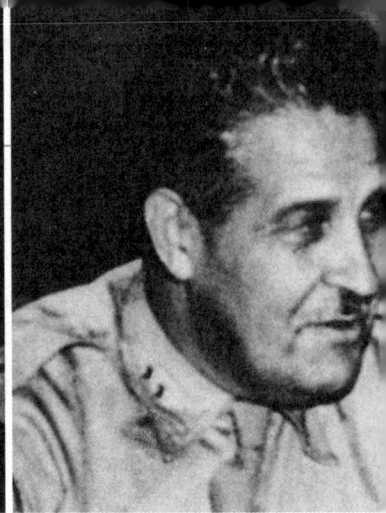

科学家应继续在军队中任职。1942 年 6 月 17 日，布什提供了一份将核计划全部交给军队领导执行的详细报告。罗斯福总统批准了这一报告。

莱斯利·格罗夫斯是美国陆军工程兵团建设部副主任，负责全军军事建筑工程的工程技术人员。作为西点军校的毕业生，他的梦想还是成为一名作战部队的指挥官。1942 年 9 月 17 日，他在国会大厦见到了顶头上司布里恩·萨默维尔中将。

"战争部长挑选你担任一项重要职务，已经得到了总统的批准。"中将说。

格罗夫斯大吃一惊，难道自己的梦想就要实现了？"到哪儿？"格罗夫斯赶紧问。

"华盛顿。"

华盛顿显然不是战场，格罗夫斯有些失望地说："我不想待在华盛顿，这里无仗可打。"

中将明白下属的心事，"别担心，只要你把这个差使办好，我们就会赢得这场战争。"

尽管意义如此重大，但是，当得知这项工程每月开支仅仅是 1 亿美元时，格罗夫斯还是有些失望。要知道以前他监督的工程，每月开支多达 6 亿美元。不过格罗夫斯很快得到了一些安慰，他被晋升为准将。

上任 48 小时，格罗夫斯就把该计划的优先权升为最高级，把田纳西州的橡树岭确定为铀同位素分离工厂基地。并把计划重新命名为"曼哈顿工程"，奥本海默担任原子实验室主任。

10 月 5 日，格罗夫斯第一次和物理学家们见面。15 位资历最深的先生，包括 3 位诺贝尔奖的获得者，先后在黑板上写着很难认清楚的算式。他们再一次论证原子弹需要多少可裂变物质，爆炸才可能发生。格罗夫斯是一名工程技术人员，讲究一丝不苟。他对这些科学大腕们漫不经心而又杂乱无章的书写十分不满，他不懂物理，但数学能力挺好。他不客气地指出，黑板上某个算式中有个数字在另一行抄错了。演算者欣然承认了这个疏忽，随手抹去了这个数字，接着演算下去。

等到演算结束，格罗夫斯问："结果是不是很精确？"这个科学家回答说："估计失误率是 10 的因子。"格罗夫斯不懂 10 的因子为何物。有人向他解释说："这意味着正确数字可能比演算结果小 10 倍，也可能大 10 倍，介于二者之间。"格罗夫斯认为这简直是开玩笑，他举例说："如果告诉厨师，来宾的人数是 10 到 1,000 人之间，那厨师该怎样准备这个宴会，这不是太愚蠢了吗？"他问这些科学家："如果我需要每年生产许多炸弹，并且以这种含糊其辞的数字为根据建造一个工厂，我们能不能这样计划，譬如说，每月生产 3 颗炸弹，或者 3/10 颗炸弹，或者 30 颗炸弹？"

这个问题那么合情合理，每个科学家都面面相觑，无言对答。格罗夫斯借机树立自己的威信，他宣称："我进大学后受了 10 年正规教育，足足顶得上两个博士学位。"他私下抱怨这些科学家没有什么纪律性。但他也渐渐感觉到，在高级研究领域，纪律是一个不太有用的东西。

1942 年 12 月 2 日，是一个具有历史意义的日子。在芝加哥足球场地底下的一间大厅里，费米当着全体参加"曼哈顿工程"的科学家的面，进行了裂变链式反应的实验。在过去，人们只能看着原子自发产生裂变，但从这一天起，人们可以随意地控制裂变：既可以让它产生，又可以让它中止。一旦人们能控制链式反应，从理论上讲，就具备了制造原子弹的能力。当前面临的问题只是如何把它转入工业级的生产。

但是，正如格罗夫斯在后来的回忆中所说的那样，"曼哈顿工程"像是在半空中走钢丝，充满了不确定因素。没有人能估算出，造这样一种谁也没见过的炸弹到底需要多少经费，也不知道一颗炸弹要多少裂变材料。仅仅是所使用的铀，它的浓度选择范围就可以从 0.71% 到 100%。大部分的工作只能靠估算来安排。

奥本海默担任实验室主任后，看到物理学家们分布在全国各地，相互间不知对方研究的进展，缺乏必要的学术交流，因此进展不大。对于这项重大的工程来说，最重要的是建立一个地处偏僻又与世隔绝的试验场，把各方面的专家集中起来，共同开展研究。对于这种想法，格罗夫斯深表赞同。

经过一个多月的奔波，他们抵达新墨西哥州的杰姆兹·斯普林顿，据一位寻找试验场的上校说，这里符合全部条件。它离西海岸 300 多公里，不会受到日本人的捣乱；它处于一个大峡谷中，使科学家们可以避免居民的纠缠，放心地进行爆破实验；以北 80 公里是交通枢纽阿尔布开克，铁路、飞机都可到达。奥本海默却不喜欢这个地方，它处于一个峡谷之中，终年不见阳光，令人心情抑郁。格罗夫斯也不喜欢，它太狭小了，而这个工程迟早都要扩大。两人商定再四处看看。

奥本海默曾在这一地区的某个牧场度过夏，还养好了肺结核病，他很喜欢这里的乡村。他建议顺着洛斯阿拉莫斯牧场学校那条路返回阿尔布开克，说不定会有合适的发现。黄昏时，军用汽车载着他们来到这个学校，立刻，格罗夫斯发现这简直是上帝赐给的最佳地方。它高达 500 米，四周是杰姆兹山和基督血山脉，有条小路通向 50 公里外的圣菲大道。更重要的是，这里风景如画，气候宜人，可以把那些爱挑剔的科学家们引诱出来。当晚，格罗夫斯就给华盛顿打电话，开始履行各种提货手续。

与此同时，奥本海默四处奔波，游说那些分散在各地的科学家。洛斯阿拉莫斯有优美的风景，户外的娱乐，杰出的同伴，无穷的资源，而且，他们所从事的工作是一个技术难题，要由一个大团体共同来攻克。对于任何一位科学家来说，这真是一个巨大的诱获。当有人向奥本海默发出疑问时，奥本海默总能想出办法让他们感到这里具有无穷的吸引力。有个物理学家怀疑自行车能不能派上用场，奥本海默声称，从那里骑车到里奥格兰德只要半小时，但绝口不提那条路是个很陡的下坡路，往回骑至少需要 3 个小时。

1943 年 3 月 15 日，奥本海默率领他的一些工作人员到了这里，开始安装一系列研制原子弹和原子弹爆炸的各种复杂仪器。4 月 15 日，50 多名科学家全部到达，听取了情况简介。奥本海默的学生罗伯特·瑟伯博士担任情况介绍人。他结结巴巴地在听众面前摆出一大堆难题。铀是由橡树岭的制造厂提供，钚由华盛顿的另一家工厂提供。两年后可能会有足够的原料生产出来。研究小组工作的重点是炸弹的建造，关键是要找到一种方法，快速引爆一块达到链式反应临界质量的铀。

在科南特的建议下，美国防卫委员会派出了最优秀的爆炸专家来到洛斯阿拉莫斯协助引爆的研究。比较简单的办法是把一个能发生裂变的铀分成两个半球，在发射时，利用普通枪击触发装在一个半球后面的普通炸药，在炸药的推力下，使两个半球合到一起，从而发生核爆炸。塞斯·内德迈耶博士来自华盛顿大学，他是个瘦高个，今年才 36 岁，也是奥本海默的学生，曾在国家标准度量局工作，在奥本海默的劝说下来到洛斯阿拉莫斯。他提出一个建议，把炸药裹在可裂变物质上，通过爆炸使它们受到压迫。这样，爆炸物不必像枪击法那样运行那么长的距离，也不需要很多的裂变物质，就可以满足链式反应的条件。由于枪击触发是比较成熟的技术，也能满足铀弹的要求，内德迈耶的向心法没有被列入紧急项目，但他仍坚持做小规模的研究。

1944 年初，西博格等人发现，从铀反应堆中生产出来的钚 239，很容易自发裂变，它的链式反应发生时间常常小于普通枪击的触发时间，也就是说，在枪击触发之前，它就会被气化掉，不能发生爆炸，不具有原子弹的威力，这一问题使枪击触发研究前功尽弃。内德迈耶大胆提出，用他的向心法来触发钚弹。在广泛听取各方面意见后，奥本海默果断决定，采用内德迈耶的向心法方案，从而使钚弹的研究工作起死回生。

根据美国政府的要求，"曼哈顿计划"确立了两个原则：第一，一定要造出能够实战的原子弹；第二，要赶在德国人之前造出原子弹。为此，多项工作齐头并进，分离铀的三种成功方法一齐上马，力争在 1945 年夏天准备好 50 公斤核裂变材料。

生产钚的工厂由杜邦公司来设计和建造。公司根据要求，把厂址设在华盛顿州的汉福特地区。这片地方属哥伦比亚河流域，原来是一片牧场，人口只有数百人，有铁路和一条输电线路通过，由于这类工厂需要大量的水、电和便利的铁路运输，所以在汉福特建立这样的工厂真是太合适了。

钚的生产设备名叫反应堆，这些反应堆是由经过精细加工的高纯度石墨块构成，石墨中装着棒状或块状的铅管。铀通过铅管在石墨中发生链式反应，反应释放的能量通过水来冷却。反应之后的铀棒被送到化学分离厂进行分离，然后再放入新的铀棒，继续进行新的反应。反应堆由于具有放射性，为了工作人员的安全，必须用厚厚的混凝土包围起来，使工作人员避免强烈的辐射危害。汉福特工厂共有 4 个反应堆，3 个在不停地运转，剩下 1 个备用。每隔 3 个月，就把反应堆里的铀拿出，再放入新的铀。每个反应堆之间相隔 1.6 公里。另外，汉福特工厂还建有 3 个化学分离厂，两个运转，1 个备用。每个分离厂也都是由厚厚的混凝土构成，用来防止强烈的辐射。这些分离厂每个相隔约 6.5 公里。除了反应堆和化学分离厂，这里还建有一个专用的反应堆，来测试用在反应堆上的石墨等材料。

制造铀的矿石来源于刚果的一个矿区，这里的铀矿石含铀量很高。英国皇家科学技术

▲ 位于芝加哥大学的原子弹试验室，奥本海默出任实验室主任。

学院院长亨利曾对矿区的总经理森吉尔述说了这些矿石的重大意义，森吉尔听从了亨利的建议，严格保护这些矿石不落入纳粹手中。

当格罗夫斯向森吉尔提出购买铀矿石时，森吉尔把精心保存的 2,000 桶铀矿石全卖给了美国，并承诺把这个矿区新开采的矿石也都供应给美国。就这样，原料问题解决了。

在以后的两年多时间中，格罗夫斯坐镇华盛顿的"曼哈顿计划"总部，奥本海默在洛斯阿拉莫斯主持原子实验室工作。他们每天都要数次通话，就这样，研制工作紧张而神速地进行着。到了 1944 年圣诞节晚上，格罗夫斯向罗斯福总统说，有希望在明年 8 月制造出一颗原子弹。

No.3 腾空而起的蘑菇云

1945 年初，用铀 235 作原料的原子弹和用钚 239 作原料的原子弹的弹体设计、各部件的制造和实验都已完成，各项指标都令人满意。格罗夫斯开始命人对投掷飞机进行改装，使它符合投弹要求。由于钚的高自发裂变率，科学家们担心它在没引爆前就裂变了，从而变成一枚哑弹。奥本海默、基斯塔科夫斯基等人非常希望首先对钚弹进行一次试验，如果不这样，万一把原子弹投到敌人的国土上而没有炸响，那后果实在是太危险了。罗斯福政府经过慎重考虑，于 1945 年 3 月同意了代号为"三一"的钚原子弹试验计划。

"三一"的名称来源于基督教，圣父、圣子和圣灵是一个神，称为"三一圣体"。至于为什么把这个名称用于核试验，有各种各样的猜测。有人说，离洛斯阿拉莫斯不远有一个废弃的矿区，曾经出产过蓝宝石。后来，由于这些矿受到了诅咒，迷信的印第安人就把它放弃了。还有一种说法，当时第一批共制造出了三颗原子弹，人们都把它看作凶神，所以就用"三一"来命名。

令人感到遗憾的是，一直关心这项工程的罗斯福总统没能亲自目睹这次实验。1945 年 4 月 12 日，罗斯福总统因为脑溢血去世。当天，杜鲁门接任刚去世的罗斯福总统的职务，晚上 7 点 9 分，杜鲁门宣誓就职，就职仪式仅用了一分多钟的时间。接下来是第一次内阁会议。由于杜鲁门与前总统罗斯福的顾问幕僚还不怎么熟悉，所以这次会议草草结束，充其量是个形式。会议之后，除了战争部长之外，其他人都一个个退出了。战争部长史汀生提出，要向总统讲一件最重要的事情。

他简要地介绍了"曼哈顿工程"的大致情况，声称该"巨型工程"将为美国研制出一种爆炸装置，它拥有几乎令人难以置信的威力。战争部长的叙述有些含糊其辞，使这位新

▲ 世界上第一颗原子弹爆炸时腾起的蘑菇云。

总统猛一听感到有些莫名其妙。很快，他从个别知情人所补充的一些细节里知道，这个爆炸装置能够毁灭整个世界，不仅在战争中，而且在外交中也有很大作用。只要愿意，可以把它投掷到任何地方，这就是说，它能使美国处于一种在战争结束时发号施令的地位。

3个星期后，德国法西斯宣布无条件投降。第二次世界大战的欧洲战场，以盟军的胜利而结束。陷入孤立的日本法西斯仍贼心不死，拼死作最后挣扎。在中国战场，中国军人奋起抗日，发动猛烈的春季攻势和夏季攻势，给日军以沉重打击。在太平洋战场，美军也加紧了对日军的打击。种种迹象表明，日本法西斯已经是穷途末路。但这些狂热的法西斯分子仍然负隅顽抗，各个地区的战斗仍在激烈进行，盟军虽然不断取得胜利，但也不得不付出很大的代价。

看来，指望这些野兽放下武器是不太现实的，白宫的目光密切关注着曼哈顿工程的进展。

1945年7月，在奥本海默的领导下，科学家们通力合作，终于制出了两枚原子弹。科学家们亲切地把铀弹叫做"小男孩"，把钚弹叫"胖子"。不久，名叫"瘦子"的第三枚原子弹也研制成功。这三兄弟形状各异，静静地躺在保险库中，反射着暗蓝色的光。为了他们的诞生，美国共动用了约10万名科技人员和工人，耗资达20多亿美元。在保险库的外面，人们的心情忐忑不安。没有人知道"魔鬼"被释放出来的样子，有的科学家认为它不会响，费米则担心，大气有那么多氮气，原子弹爆炸会不会使整个地球燃烧起来。当时，只有奥本海默的朋友罗伯特·瑟伯认为试验肯定能成功。后来有人问他，为什么会做出如此准确的预言，他笑着说："我只是由于客气，你想，我作为奥本海默的一个客人，在主人面前，我只能捡他喜欢听的说。"

还有一位叫约瑟夫·赫希费耳德的科学家提出，原子弹爆炸会产生放射性尘埃，这会导致严重的环境污染。所谓放射性尘埃，是指向地面降落的空气中的一些微粒，由于受到核爆炸的污染而带有放射性。它们放射性寿命的长短不一样，一般而言，放射性早期对生命的危害大一些，晚期放射性减弱，对生命的危害小一些。由于这些微粒会被空气带到很远的地方，科学家们认为原子弹最好在不下雨的天气里爆炸，这可以避免这些微粒由于雨水聚集在某个地区。另外，潮湿的天气会影响各种测试仪器的电子线路，不利于精确测量原子弹爆炸的各种参数。"瘦子"由于长达6米，用飞机投掷很不方便，所以被确定为试验弹。最初的设想是在一个容器中引爆原子弹，以防止原子弹爆炸物的扩散，以免危害人的健康。为此，特意制了一个巨大的钢质容器。这个容器内径 3.05 米，长 7.62 米，内壳壁厚 15.42 厘米。这个试验弹穿上这件"外套"之后，显得又高又大，科学家们亲切地把它叫做"巨物"。但经过计算，爆炸的规模太大了，整个钢壳都会被气化，钢铁碎片会被抛到很远的地方，后果会更加不堪设想。因此，决定不用"巨物"进行试验。

在第一枚原子弹出世之后，格罗夫斯和奥本海默就忙着寻找试验场，这件工作由贝恩布里季博士负责。他勘察了许多地点，最后选择了距洛斯阿拉莫斯 200 公里以外，靠近新墨西哥州阿拉莫戈多空军基地的沙漠。这里虽处于空军基地范围之内，但离飞机场却很远。试验场的范围是，29 公里宽，38.6 公里长。

把原子弹运到试验场并不是一件很容易的事情，每一块炸药都要仔细检查、编号，再用透明胶纸粘贴得整整齐齐。然后放在防水的塑料袋中，再放在松木做的板条箱内。最后，把整个箱子牢牢地捆绑在军用卡车的货厢内，慢慢地运到试验场。钚弹蕊放在一个防震的战地旅行箱中，由莫里森乘坐军用轿车护送。前面是一车武装警卫，后面是组装专家。为了安全，车队是夜间启程赶往试验场的。

关于何时进行这次绝密的试验，陆军部长史汀生和"曼哈顿计划"的负责人格罗夫斯的意见完全一致，希望越快越好。但他们决定向杜鲁门总统汇报，由他做出决断。

杜鲁门对曼哈顿工程不是十分了解，看来这项工程的保密工作是十分有效的。史汀生首先详细地报告了研制原子弹的情况，然后请总统制定一个试爆的日期。听完史汀生的报告，杜鲁门十分高兴，急切地说："为了减少我们的牺牲，以最小的代价结束战争，务必尽快进行试爆。"史汀生连忙点了点头，总统和他们的意见不谋而合。

"对这次试验的把握如何？"杜鲁门两眼紧盯着史汀生，问道。

"把握是比较大的。"史汀生慎重地说，"但成功还要看最后的试爆结果。"

杜鲁门深受鼓舞，经过坦率的交谈，他对于最高决策小组成员及科学家们之间的精诚合作，由衷地感到高兴。杜鲁门希望试验在 7 月 4 日美国独立日那天进行，作为献给祖国的一份礼物。后来，由于裂变材料的生产问题，试验被迫推迟两周。最后，杜鲁门批准，试爆的时间定在 7 月 16 日凌晨 4 时。这个时候，附近地区的居民大都会在睡梦中，不会太引起他们的注意。另外，预计爆炸后会出现强烈的闪光，在黑暗中，更容易把这些场景拍摄下来。

1945 年 7 月 15 日是个星期天，原子弹被组装好，安放在一个 30 米高的钢塔顶上。从接线盒到插在它身上的引爆器，都用绝缘电线缠绕着，外形看起来像个怪物。奥本海默的心情久久难以平静。预定的时刻就要到了，由于天气下着小雨，试验不得不推迟。每隔5分钟，奥本海默和格罗夫斯就走到掩蔽的指挥所外，焦急地看看天气的变化。凌晨2时，一场暴风雨袭来，顿时雷电交加，大雨倾盆，看起来这真不是一个好兆头。所有的科学家都被吓坏了，他们担心钢塔里的宝贝会意外爆炸。

负责观测天气的哈伯德操纵着一台手提的气象仪，不停地测量风向和风速。看着奥本海默焦急的神色，哈伯德安慰他说："4时的试验可能要取消了，但也不必推迟到明天，5时至6时之间，天气会变得不错。"

果然，3时15分，云层渐渐散开，天上有几颗星星在眨着眼睛，似乎想目睹魔鬼出世的奇迹。经过商议，奥本海默、哈伯德等人一致决定把5时30分作为试验开始的零时。

激动人心的时刻马上就要到了。在预定开始行动的前半小时，一直守卫原子弹的5名士兵，打开塔顶的大灯，离开了钢塔监视点，分乘吉普车返回掩蔽指挥所。

倒计时仍在进行，5时25分，一个绿色信号弹升空了，大本营的警笛也开始鸣叫。格雷森事后回忆说，当时很紧张，因为他的小组负责准备和安装引爆器，如果引爆不响，可能就是他们的失误造成的。

5时29分，预警火箭点燃了。莫里森很想亲眼看看这个怪物，他面对爆炸地在斜坡上躺了下来。他戴上太阳镜，一手拿着秒表，一手拿着焊工用的护目镜。格罗夫斯趴在布什和科南特之间，在最后的几秒里，他一直考虑读数到零时没有发生爆炸，他该怎么办呢？

5时29分45秒，点火的线路合拢了。起爆器在多个起爆点同时点燃，爆炸波使钚弹蕊结合，启动了链式反应，在极短时间内，巨大的能量被释放出来。在半径32公里的地区内，强烈的闪光像几个正午的太阳那样耀眼。紧接着，一个巨大火球渐渐升起，它的颜色不断变化，先是金色、紫色、紫罗兰色、灰色，最后是蓝色的，一直持续了十几秒钟，附近的每一座山峰、每一个山谷都被它照亮了。接着，这个火球又变成了一个蘑菇云，缓缓升起，一直上升到3,000多米才渐渐熄灭。在此之后，一个巨大的云团像暴风中的海浪，汹涌澎湃地上升着，一直到10,000多米的高空。在主要爆炸发生后不久，云团中又发生两次附加爆炸。

爆炸的一刹那，劳伦斯在康帕尼亚山上正好从汽车中走出来。他一只脚刚刚落地，立即被一种温暖的黄白色的亮光包围起来，他只觉得漆黑的夜晚突然升起了太阳，他惊呆了。

费曼是第一个直接用肉眼观看原子弹爆炸的人。他觉得如果不用肉眼亲自看一看，这辈子一定会后悔死。而且离爆炸点那么远，他不相信眼睛会受不了。在爆炸的一刹那，他没有侧身，也没有回避，而是取下防护眼镜，直接注视那个方向。他回忆说："我先看到的是一种白色光辉，几乎全部变成了一种压倒一切的白色闪光，光线太强烈了，那一刻他几乎什么也看不见，整整过了至少半分钟，我才慢慢恢复了正常的视力。这种壮观的景象真令人吃惊。"

费曼是个理论物理学家，非常具有天赋。他不喜欢墨守陈规，当初他对格罗夫斯所规定的保密制度极不满意，就让妻子把寄向洛斯阿拉莫斯的信撕成上百张小碎片，负责检查信件的官员不得不伤透脑筋，把这些碎片拼在一起可真是太难了。还有一次，他猜出了一个保险柜的密码，那里面装的都是贵重资料。他就认真研究了这个柜子，乘值班军官出去的几分钟时间，打开柜子，放进去一张纸条，写上"猜一猜，是谁干的？"然后，他就欣赏那些保安官员们惊慌失措的样子。

费米最喜欢用简单的试验来说明物理问题，他曾查阅了根据一张爆炸力和爆炸产生的风力的关系表，准备了几张纸片。在原子弹的冲击波到来后，他把一些碎纸片向地面撒去，并测量了纸片被吹出的距离。他很快说出爆炸的威力大约在 15,000 至 20,000 吨 TNT 之间，这个数值与那些精密仪器所记录的数值非常接近。费米一向很冷静，也很理智。这一次，他受到的震动太大了。他对那些反对原子弹的人说："不要让良心受到折磨，无论如何，这毕竟是物理学上的一个杰出成就。"在试验前，他都是亲自驾驶汽车，但这一天，他只好请一位同事替他开车，由于过于激动，他已经没有力气开车了。

爆炸发生半分钟后，暴风开始向人们和建筑物冲击，紧接着是强烈而可怕的声音。大地都在颤抖，仿佛世界末日就要来到似的，每个人都感到自己那么渺小。对于原子弹威力的估计，贝特领导的理论部当初估算相当于 2,000 吨 TNT，但这个数字只有核物理专家拉

▲ 阿拉莫戈多试验场上的中心控制室和观察所。

比相信。此时此刻，这一爆炸远远超过了科学家最乐观的估计，所有人都觉得，一个新的时代已经诞生了。

非常难得的是，格罗夫斯竟保持着军人指挥官惯有的冷静。当一位科学家几乎是含泪向他报告说："这次爆炸把全部观察仪器和测量仪器都损坏了。"格罗夫斯却安慰他说："这没关系，既然仪器都受不住，这说明爆炸威力太大了。而这，也正是我们所希望的结果。"他对法雷尔将军说："战争就要结束了，这个家伙只要一两个，日本这个恶棍就会完蛋。"

爆炸后，在地面上形成了一个直径为 360 多米的大坑，大坑的壁略向中心倾斜。在坑的中心还有一个直径为 40 米、深 1.8 米的浅坑，坑内的物质是极细的粉状灰尘。坑的外边，周围的植物都荡然无存，只有一些绿色的东西，在很远很远的地方就能看到这些东西。安装原子弹的钢塔消失得无影无踪。离钢塔 450 米远，有根铁管直径 10 厘米，长 4.8 米，它被埋在混凝土中，爆炸发生后就看不到了。

上午 11 时，新墨西哥州的新闻报道开始涉及到这次惊天大爆炸。出于保密的缘故，阿拉莫戈多基地的司令官准备了一份公报，通过美联社向外发出。公报全文如下：

阿拉莫戈多空军基地司令官声明如下：

今天上午，阿拉莫戈多空军基地接到多次询问，一次大爆炸发生在空军基地之中。经调查，这是一所大型军火仓库发生爆炸，这个仓库位于基地中心的远处，装有大量烈性炸药和军火。爆炸没有引起任何人员伤亡，军火库以外的财产没有受到太大的损失。

需要提醒居民的是，由于爆炸中有毒气弹被引爆，它可能会影响到大气，使大气含有对人体有害的物质。陆军当局认为，把少数居民暂时迁移是比较适宜的。

7 月 16 日于新墨西哥州阿拉莫戈多

整个新墨西哥州都骚动不安，有个妇女 16 日晚去新墨西哥州，凌晨 5 点时来到一个村庄，不停地敲一户居民的门，她吃惊地大叫："事情真是太奇怪了，刚才，我看见太阳升起来了，但立刻又落下去了。"据有关材料，爆炸发出的闪光在 290 公里远的地方就能看到，爆炸声在 160 公里的地方就能听到。爆炸还震碎了 200 公里远的一些玻璃。爆炸形成的云团包含着高浓度的放射性物质，它们主要是地面扬起的灰尘和大量气化的铁，这些铁和空气的氧混合燃烧而造成了一些附加的爆炸。

第三章

抉择前的犹豫

在失败的前夕，日本仍在积极备战。是投下原子弹，以数万平民的生命为代价，来摧垮那些狂热军国主义分子的抵抗意志；还是放弃使用原子弹，以牺牲几十万盟军的代价，进攻日本本土，这个问题似乎不需要讨论。不过，美国人有他们的行为方式，他们组成了一个临时委员会，专门讨论是否对日使用原子弹，极少数人表示反对。

No.1 妄图本土作战的日本法西斯

1945 年，面对越来越严峻的局面，日军大本营颁布了"陆海军作战大纲"，这个大纲以美军为主要敌人，以本土为重点建立牢固的防御体系。大纲规定，为保卫本土进行纵深作战的前沿为南千岛、小笠原群岛、西南诸岛及台湾和上海附近，一旦美军在这些地方登陆，要倾尽全力进行反击，要尽力消耗他们的有生力量，阻止美军在这些地方设置基地。

早在 1944 年，美军就开始空袭硫磺岛。从 1945 年 1 月 3 日开始，美军开始昼夜不停地对这个岛屿进行轰炸。2 月 16 日，美军又对这个岛屿实行毁灭性舰炮射击，炮火十分猛烈，以至于岛上再也看不到绿色的植物了。守卫硫磺岛的总指挥是粟林忠道陆军中将，他早已预料到美军会首先对这个岛屿进行炮火打击。所以，他在战争前就构筑了坚固的地下工事，在实在不能构筑工事的地方，就干脆埋下坦克充当火力点。所有这些工事，都交叉配合，由秘密坑道进行连接。每个阵地，都有一个很深的岩洞隐藏军队。美军轰炸尽管猛烈，其实对日军的杀伤并不很大。

2 月 19 日，在 3 艘战舰、9 艘巡洋舰、30 艘驱逐舰、5 艘航空母舰的掩护下，美国海军第 4 师和第 5 师乘坐 130 艘登陆艇开始登陆。短短 4 个小时，美军就发射了 8,000 发巨型炮弹，轰炸约 1,600 架次。但当美军上岸不久，日本人就从地穴里爬出，美军 3 万多人的登陆部队腹背受敌，激烈的战斗一直持续到第二天黎明，美军惨遭重创。

第二天，美军又开始了炮击和轰炸，威力之大，难以想象。3 月 1 日，美军攻下 2 号机场和元山地区。日军拼死抵抗，许多日军士兵自愿充当人体炸弹，钻到美军坦克下，拉响导火索。3 月 11 日，日军被挤压到岛屿北端和东北部的狭小地带。总指挥粟林向东京大本营发出告别电报：

战局终于面临最后关头。卑职定于 17 日午夜，亲赴前线，祈求皇国必胜与安泰，率全军断然进行悲壮的总攻。敌军进攻以来，以其难以想象的物质优势，由空、海、陆向我军进攻。对此，我军不断进行拼死战斗，这是卑职聊堪自慰的，部下将士的奋战足以感天地而泣鬼神。然而，在顽敌猛攻面前，将士相继战死，卒至辜负对我的期望，把这些重要地区被迫委诸敌手，实不胜惶恐之至，深致谢罪之忱。尤思不夺还本岛，则皇土永无宁日。为此，纵化为鬼魂，亦誓率皇军卷土重来。当此弹尽粮绝，生存的全部将士拟作最后的战斗时，痛感皇恩浩荡，虽粉身碎骨，亦在所不悔。兹告永别。

电报拍到最后，粟林诗兴大发，连作 3 首，其中一首写道："敌仇终未报，此身弃野原。但愿生七度，执戈再当先。"3 月 21 日，粟林率领剩余的 350 名日军，高喊"万岁"进行最后一次冲锋。直至第二天，这股日军方全军覆没。

　　硫磺岛的战斗持续近一个月，美军兵力尽管占有绝对的优势，仍伤亡3万多人，飞机损失60多架，坦克300多辆。

　　日本所谓的本土保卫圈被打破，4月4日，内外交困的小矶国昭内阁向天皇提出辞职。4月7日，年近80的铃木贯太郎海军大将出任新首相。他清楚知道，日本无力挽回败局，但他不敢公开宣称失败。因为军部的东条英机和陆相阿南等人一直坚持把圣战进行到底。所以他在组阁后发表讲话表示："我将站在一亿国民的最前面，如果光荣牺牲，确信诸国民必能踏着我的尸体，为打开国运迈进。"

　　铃木上台的时候，冲绳战斗已经打响了。1945年4月1日，美军开始攻打冲绳群岛。经过激烈的拼杀，美军于6月25日完全取得胜利。在战斗中，日本又一次运用最卑鄙的自杀攻击战术，用自杀艇、自杀飞机大量打击美军。许多日本中学生高唱着"在天空中捐躯、在海洋里玉碎，帝国青年最光荣"的丧歌，奋不顾身地向美军的军舰、坦克扑去，给美军造成了严重的损失。在战争高潮时，一些日本妇女也投入战斗。另外，由17岁至40岁的男子，还有一些男女中学生组成的义勇队，参加了战斗以及通讯、卫生、后勤等各项工作，数万名日本平民卷入到战斗中，支持日军作战。

　　据战后的统计，日军死亡约9万人，象征日本民族之魂的"大和"号军舰被击沉，这艘军舰长263米，排水量6万多吨，发射的炮弹每枚重1吨半，舷侧钢甲厚半米，被称为"永不沉没的大和"。美军出动近200架飞机，经过三波攻击，轰炸了3个小时，才把这艘军舰炸沉。在攻占冲绳的战斗中，美军损失近5万人，美军舰沉没36艘，伤368艘，司令官巴克纳中将阵亡。

　　面对日军疯狂的抵抗，美国人愤怒了，于是，空军向美国总统罗斯福发电报，请求对日本开展"无限制轰炸"，也就是说，轰炸目标不再局限于日本的工厂等军用设施。因为日本的工厂比较分散，轰炸效果很不理想，而日本是个多地震的国家，民居多用木头和竹子等轻巧的易燃物质建成，燃烧弹很容易发挥威力。特别是日本在对重庆等中国城市的轰炸中，大量使用了燃烧弹，早已公然践踏国际法，应该以其人之道还治其人之身。罗斯福同意了空军的这种建议。

　　1945年3月，334架B－29轰炸机冒着凶猛的防空炮火，低空飞临东京上空。午夜时分，它们到达拥有大量竹木房屋、人口稠密的东京心脏地区。零时左右，2,000吨燃烧弹呼啸而下，每架飞机都是一条流动的火线，东京很快变成了火海。

　　据悉，最后一批返航的机组人员竟能闻到烧焦的人肉味，有人禁不住呕吐起来。

　　在空袭中，有9架B－29轰炸机被击落，有5架被迫降在海面上，42架负伤返回。

▲ 美军轰炸机编队正飞往日本执行任务。

东京市区约有41平方公里的土地被烧成废墟，22个工业目标被焚毁，26万幢建筑物被烧毁，100万人无家可归，近9万人被烧死，10万多人烧成重伤。在日本国内，空袭之后人们见面寒暄的第一句话便是："还没有被烧坏吧？"

继东京之后，名古屋、大阪、横滨、神户等城市也相继变为火城，美军不再分军用和民用目标，一概把它变成焦土。以前，美国多次真诚地反对屠杀平民，但在1945年，很多美国人都认为，对日本不能讲人道，他们偷袭珍珠港，制造了一个又一个暴行，落在他们头上的炸弹是他们应该得到的结局。《时代》杂志甚至宣称："要把日本的城市像秋天的落叶那样烧掉。"一位牧师在《纽约时报》上说："上帝给了我们武器，我们就用吧。"

从6月份开始，对日本的空袭进一步加剧，日本的一些中小城市也遭到燃烧弹的袭击。至7月份，空袭更是达到了高潮。持续不断的空袭把日本支撑战争和生存的根基完全破坏了。

尽管败局已定，但狂热的军国分子不甘心失败。他们准备把全体日本国民都推向绝路，不断叫嚣进行本土决战，希望以流血震惊美国，争取在有利的条件下结束战争，决不可无条件投降。从1945年春天开始，日本就进行军事动员，降低征兵年龄，扩大征兵范围，并从占领的中国、朝鲜等地向本土调兵。到了7月，全国已经实行了三次动员。日军人数已经达到了720万，比上一年增加了一倍，飞机也达到了7,000架。

日本实行决战的指导思想，就是要在海上、空中和陆上都实施不断的特攻作战。所谓特攻作战，就是用自杀的方式消耗敌军的力量。用神风突击队去炸毁美国的舰艇，用士兵的血肉之躯去炸毁坦克。

6月6日，日本召开最高战争指导会议，提出了今后实行的战争指导基本大纲。大纲确定的方针是：以誓死尽忠的信念为动力，借助地利人和的优势，坚决把战争进行到底，以维护国体，保卫皇土，确保民族将来发展的根基。大纲提出，在国内方面，为适应举国一致的皇土决战，应健全贯彻国民战争精神的各种体制。其中，尤应以组织国民义勇队为核心，以便更加巩固全体国民的团结，充实国家物质力量，特别是确保粮食及特种武器的生产，以此作为国家各项政策的重点。

梅津参谋长在发言中充满信心地说："本土作战与冲绳、硫黄、塞班等孤岛作战根本不同，特别是能对敌军的登陆地点，机动地集中全部兵力，以巨大的纵深兵力进行持续强攻。而且能够得到地利和全国国民无比忠诚的协助，这是本土决战必胜的基础。也就是说，过去在孤岛及远洋作战，我军孤立无援，只能以当地兵力承当全部敌军的集中攻击。而在本土作战，这种情况将会完全改变。一旦我军对登陆部队发动攻势，则将贯彻不成功便成仁的信念，发挥帝国陆军的传统精华，我们确信是必胜的。而且，我军独特的空中及水上特攻战术，自莱特岛战役以来，曾给予敌人以沉重打击，积累了丰富的经验和体会，用于本土作战，必将取得更大战果。"

6月7日，日本召开内阁会议，通过了由日本政府和日军大本营所采纳的"基本大纲"。铃木宣布，要有信心和敌人作战，直到敌人失去战斗意志为止，并要求内阁成员以高度的责任感，抱着杀身成仁的态度来实现这一基本大纲。

种种迹象表明，日本这个恶兽，是不会放下屠刀的。美军认识到，除了进攻日本本土，没有更好的办法来结束这场战争。尽管美军在太平洋战场上采取越岛战术，不断取得胜利，但美军同时也付出了惨重的代价。所以，在雅尔塔会议上，罗斯福向斯大林提出，希望苏联出兵，以减轻美军的压力。在美军内部，对苏联出兵是有争议的。多数海军和空军官员反对苏联参战，因为这样会大大加强苏军在远东的影响。他们也反对直接进攻日本本土，主张通过封锁和常规轰炸结束战争。作战部长欧内斯特·金海军上将强调说："不论苏联参战的愿望如何，苏联是靠不住的，美国不应请求苏联参战。尽管击败日本的代价可能是巨大的，但美国能够单独完成。"以格鲁为代表的一批国务院官员，主张修改无条件投降原则，以政治手段解决日本投降问题，重申苏联参战的条件。

由于军方和国务院在远东战略上存在分歧，杜鲁门在6月18日召开会议，讨论结束远东战争的计划。这个计划的设想是：加强海上和空中的封锁，加强对日本的空中密集轰炸；预定于 1945 年 11 月 1 日以 76 万人的总兵力进攻九州，1946 年春攻击本州，1946 年秋结束战争，为此需动用 500 万军队，并鼓励苏联进攻中国东北。会上还讨论了是否可以通过常规武器进行封锁和轰炸打败日本，陆军参谋长马歇尔指出，这是不可能的。纳粹德国受到那样猛烈的轰炸，一直没有停战。直到盟军攻入和占领了德国本土之后，德国才停战。另外，日本的工业和德国相比比较分散，轰炸更为困难，日本的防空力量很强，这会给美国飞行员造成重大伤亡。

正当与会者收起文件，正准备离席时，杜鲁门注意到陆军部长助理麦克洛伊一直沉默不语，便让他谈谈看法。麦克洛伊征得史汀生同意后，便说："那好，我确实认为还有一个选择，而且我认为这是一个值得探索的选择。除了常规进攻和登陆，我们还可以谋求其他方式结束战争。"接着，麦克洛伊谈到修改无条件投降原则和原子弹问题。他指出使用原子弹前应警告日本，这样可以使美国获得道义上的优势。但会场上有人提出，假如警告之后，原子弹不爆炸怎么办？这对美国的声誉会产生何种影响？反对意见越来越强烈，杜鲁门请麦克洛伊对最后通牒这个问题再考虑一下，至于原子弹，现在还是不公开提为好。

7 月 2 日，陆军部长史汀生在前两周讨论的基础上给总统写了一份备忘录，全面探讨了政治解决日本问题的方法。备忘录认为，进攻日本本土的战争将会十分惨烈，远远超过对德战争。因此，建议在进攻日本本土之前发出警告，力争以最小的代价结束战争。应由美苏英中四国对日本发出警告，要求日本投降并允许盟军占领，并使日本彻底非军国主义化。只要不威胁战后和平，允许日本发展经济，可以不取消天皇制。

这份备忘录构成了波茨坦会议的基调。7 月 17 日至 8 月 2 日，苏美英三国在德国柏林郊外波茨坦举行会议。除了处理德国和欧洲的一些问题外，会议还讨论了日本问题，并通过《波茨坦公告》，要求日本政府立即宣布所有武装部队无条件投降。由于苏联当时还没有对日宣战，这个公告以美、英、中三国名义对外公布。

7 月 27 日上午 6 时，东京的"海外放送受信局"收听到了《波茨坦公告》。在东京政府看来，这项公告中，盟国的立场与以前相比有些松动。苏联没有签署公告，似乎仍保持着中立的立场；同时，盟国放弃以前绝对无条件投降的主张，转而提出了同日本建立和平的八项特殊条件。下午，日本政府召开内阁会议，讨论是否在日本国内发表《波茨坦公告》，争论相当激烈。

最使大臣们感到不安的是通牒中没提到天皇，但也许这是在暗示天皇的地位将维持不变。投降是很可怕的，但这次公告只是要求日本所有武装力量无条件投降，而不是像 1943

年开罗宣言那样，要求日本国投降。更令人振奋的是，苏联人没在公告上签字，这意味着苏联仍保持中立的地位，可以从新开始谈判。最后，主战派和主和派达成了一致意见，暂时不对公告发表评论，等待苏联对天皇的调停要求作出答复。但对公告，决定予以发表，至于公告中一些可能挫伤国民战斗意志的词句（如允许军队解甲归田和无意奴役日本民族等条款），则予以删除。另外，各报刊登时要用小号字体印刷。

第二天清晨，遵照内阁的方针，各报发表了有关消息，没有刊载社论。但《每日新闻》用大字标题宣称，这个公告是十分可笑的；《朝日新闻》刊登了首相对记者的讲话，铃木贯太郎表示："除了完全不予理睬这个《公告》，并坚决把战争进行到胜利结束，并没有其他道路可走。"

从7月27日到8月1日，美国每天都出动飞机在日本各城市上空散发波茨坦公告和传单。传单警告说，如果不接受波茨坦公告，他们将会受到更猛烈的空中轰炸。每次传单散发之后，紧接着就是一次普通炸弹的猛烈轰炸。日本政府对此无动于衷。

杜鲁门和军方已经认识到，要使日本接受公告的要求，必须用猛烈的打击来证明美国有能力摧毁日本帝国，原子弹就是最佳的武器，能以极小的代价来结束这场战争。

No.2 神秘的 509 混合大队

马里亚纳群岛位于西太平洋，它是由星星点点的列岛组成的，其中有一个叫做提尼安的岛屿，名字虽然不为许多人知道，但它当时已成为美军在太平洋最大的空军基地。基地有西、北、南3个机场，各种设施十分齐全。美军轰炸日本的飞机有相当一部分是由美国大陆转场至提尼安岛，然后由提尼安岛飞向日本的。有时候，近1,000架的B-29大型轰炸机以仅仅15秒的间隔，从60条跑道上起飞，去轰炸数千海里之外的日本城市。这些战略轰炸机往往施行一种称作"地毯式"的轰炸方法，日夜不停地对日本的目标进行轮番轰炸。每当飞机临近时，东京的防空警报就尖利地呼叫着，一时间，8,000米的高空中，数百架美国飞机扔下重达7吨的炸弹，或者抛下250公斤重的一颗颗燃烧弹。驾驶员透过飞机的舷窗，可以看到爆炸和爆炸后的废墟，以及浓烟和浓烟下的火海。自然，京城皇宫不见得比民居好多少，同样被炸得七零八落，天皇也不得不一次又一次地躲进地下防空掩体。

当然，美国的轰炸机群并不一定都能安全归来，日本的防空炮火非常猛烈，有时还出动飞机进行拦截，因此，空战伤亡相当惨重。有些美军飞机直接被炮火击中，有些虽然带伤脱逃但却在往返途中坠毁。至于在机场起降时失事，更是经常发生的事。

　　不过，在这个军用机场却有一个特殊的空军中队，特别受到宠爱。这个中队有15个飞机组，每组7个人。同伴们的飞机不分日夜地远距离奔袭日本，这个中队却从不出击。更为特殊的是，这是一个有科学家参加的空军轰炸中队，番号为"第509混合大队"。它的直接领导者是在美国华盛顿的格罗夫斯将军。

　　早在1944年春天，格罗夫斯就开始考虑原子弹的投掷问题，他找到空军司令阿诺德将军商量，如何改装B－29轰炸机，以便载运原子弹。如果B－29不能用，是否考虑用兰克斯式式的英国飞机。经过研究，他们决定用改装的B－29轰炸机，并提出要空军解决三个主要问题：

　　第一，飞机必须要有足够的载重能力，弹舱的容量也要足够大，弹舱的舱门也要加大，飞机的航程也要增大；

　　第二，原子弹装配成功之后，要组建一支有高度作战能力的战术部队；

　　第三，炸弹一定要准确地投中目标，这需要空军进行这方面的试验。

　　1944年8月，空军为此制订了一个详细的计划：

　　第一，及时开始改装飞机，在1944年9月30日以前，提供3架经过改装后的B－29轰炸机，并在1945年1月1日前，再陆续提供13架；

　　第二，成立第509混合大队。

　　1944年12月7日，第509混合大队正式成立，编制军官225名，士兵为1542名。509混合大队的队长是保罗·蒂贝茨，他被空军司令阿诺德将军誉为空军中最优秀的飞行员，不但飞行技术绝佳，而且具有指挥才能，处理行政事务也身手不凡。这些都很符合格罗夫斯的要求。他需要建立一支独立的空军部队，来执行投掷原子弹的重任。蒂贝茨告诉手下飞行员，他们将要执行的是一项特殊使命，他只字未提原子弹，只是说所做的这件事足以结束战争。刚接受任务时，他来到洛斯阿拉莫斯，向奥本海默报告。奥本海默只是告诉他有颗超级炸弹，然后把他领到"原子弹发射小组"所在地，把他介绍给组长帕森斯海军上尉，并说帕森斯可能参加炸弹的投掷工作。上尉向他讲了这种炸弹的情况，使蒂贝茨明白了一些随时可能出现的可怕事情。在蒂贝茨离开之前，奥本海默把他叫到一旁，郑重地说："最大的问题是炸弹离开飞机之后，它所产生的冲击波可能会把飞机击成碎片，我很难保证你们会活着回来。"

　　他们首先在犹他州的温多华基地进行训练，主要课题是高空目视轰炸。飞机飞到1,000米的高空，投弹手便通过先进的瞄准器，对排列在地面上用石灰画的目标圈进行瞄准。圆圈直径为100米，可从高空往下看时，它几乎缩成了一个圆点。习惯于在多云的欧洲上空用雷达进行轰炸瞄准的飞行人员都感到奇怪，为什么要对目标进行目测轰炸训练？至于轰炸的方式则更使他们大惑不解。每次都是单机飞行，而且仅投1枚炸弹，这枚炸弹也十分奇特，比一般炸弹要大出许多，足有四五吨重。每次飞机投弹过后，立即做一个155°的俯冲转弯，而后迅速离开目标区。在训练期间，不断有"工程师"从洛斯阿拉莫斯来访，他们的目的是想弄清楚在不同的高度和风力风向条件下，炸弹的各种表现。为什么这样，由于军队的纪律，大家谁也不问，知道这已涉及了国家最高机密。但他们同时也隐隐感到，他们要投掷的绝非一般炸弹。

1945年4月底，蒂贝茨上校接到命令，将他的大队和所有装备转移到马里亚纳群岛中的提尼安岛北机场，在那里，他们将接受更加接近实战条件下的训练。在1945年6月以前，第509混合大队进行的都是一般性的技术训练，主要是适应太平洋上空的气候条件并进一步提高投弹精度。从6月底开始，他们开始进行战斗演习训练，此后又进行了实战训练，即用普通炸弹对日本进行轰炸。一方面，这样的训练可使飞行员熟悉目标区情况，提高轰炸技术水平；另一方面模拟与投掷原子弹相同的战术，使日本人习惯B－29飞机小编队高空飞行，用以麻痹日本人，达到使用原子弹的突然性。经过几个月的严格训练，他们的投弹命中率大大提高。尤其是菲阿比，堪称最优秀的投弹手，他能在万米高空目视瞄准，把模拟弹投在100米的圈内。

进入提尼安机场后，第509混合大队开始过上了几乎与世隔绝的生活。他们的营地四周围着铁丝网，并有重兵把守。他们不仅白天练习飞，而且晚上练。不但在晴朗的天气里练，而且在恶劣的天气里仍旧练习。蒂贝茨难以忘记的是那次危险的训练。当时天空布满乌云，暴风雨看起来马上就要到来。但偏偏这时候，他们接到了出发的命令。蒂贝茨果断地驾机升空作业。他向窗外看去，天空没有一丝亮色。雨还没有落下来，但闪电就在旁边响起，雷声也轰隆隆地响着。蒂贝茨驾机在提尼安岛上盘旋了一圈，然后向北面的硫磺岛飞去。突然，一道银白色的闪电从天空划过，紧接着，一颗炸雷从高空落了下来。蒂贝茨一下子把心提到了嗓子眼儿，万一飞机触雷，岂不是机毁人亡。他小心地驾驶着飞机，提心吊胆地在雷雨中飞行着。狂风挟着雨点向飞机吹来，仿佛要把整个飞机击碎。渐渐地，蒂贝茨稳定下来，这是一个难得的考验机会。在雷达引导下，飞机在云山雾海中穿过闪电和暴雨，绕过一个又一个雷区，整整飞了4个小时，又回到提尼安上空。

机场上也布满了乌云，闪电一道比一道亮。蒂贝茨借助闪电，隐隐约约看到了跑道，但一会儿又消失了。雨越下越大，整个机场朦朦胧胧。指挥塔值班员在雨中焦急地和蒂贝茨联系，蒂贝茨驾驶着飞机，在机场上空不停地兜圈子。终于，他看到了跑道在西北方不远处，就驾机向跑道飞去。在离地面一公里时，还偏离跑道100米。指挥塔值班员拼命呼叫："往左边一点儿，往左边一点儿！"蒂贝茨猛一拉操纵杆，飞机像一只轻快的海鸥，稳稳地降落在跑道上。

他们就是这样，一次次模拟投掷，一次次飞行合练，最后不管在任何天气都能编队飞行了。但是，在提尼安北机场，这班人马却总是受到其他部队的嘲笑，因为这个混合大队就像宝贝儿子那样被受到关照，整天不知干些什么。有时执行轰炸任务也只是小编队执行任务，而且从来没有什么辉煌战果，偶尔看到的，不过是投几颗练习弹罢了。所以，当他们的飞机从北机场起飞的时候，便有一片嘘声、怪叫跟着升空，伴随而来的还有一首顺口溜：

秘密小队飞上天空，

欲去何地无人知情。

除非你想得罪上司，

最好不要四处打听。

可有一点毋庸置疑，

"509"将赢得战争。

很快，刚起飞的机组扔了一颗练习弹又飞回机场降落了。更多时间里，第509混合大队总是藏身在一座座半圆形活动房屋里，受到铁丝网和轻重机枪的严密保护。显然，它在等待着执行一项特殊使命。

1945年7月，在美国华盛顿"曼哈顿计划"办公室，格罗夫斯将军正在向他的一位得力干将弗曼发出指令："你要把一个东西带到提尼安。"弗曼随后才知道，那个"东西"叫做"不可替换物"，代号为"Bronx"货物，它产生于洛斯阿拉莫斯试验基地。在试验基地附近的阿尔布开克机场上，全副武装的士兵押送这个"不可替换物"乘车来到机场，立刻装上飞机。三架大型运输机组成编队，在几架战斗机的护航下，带着这个贵重非凡的"货物"和许多技术人员、保卫人员，腾空而起，非常小心地飞往美国西南部上空，随后在旧金山的哈密尔顿机场降落。当然，这个"不可替换物"就是原子弹。

原子弹被带到美国的西海岸，剩下的事情就怎样被带到提尼安空军基地，有两条途径可供选择，一是空中，一是海上。

由飞机空运是比较理想的，这可以节省不少时间，对于瞬息万变的战场来说太重要了。但是，这个宝贝耗费了无数人的心血，科学家们深知它的重要性，没有人肯定地说，飞机一定能够安然无恙地完成这一运送使命。这种事决不允许尝试后再作决定，万一飞机在机场起飞时候就失事，那么旧金山就会被抹平，这座繁华美丽的城市眨眼的功夫就从地球上消失了。而且，飞到太平洋上空后，谁也不知道日本飞机会不会来捣乱。

既然空运没有把握，只有使用舰艇了。

从哈密尔顿机场西行 23 公里，就是马雷岛海军造船厂。"印第安纳波利斯"重型巡洋舰正停泊在这里，由于前段时间这艘巡洋舰在冲绳岛附近作战时，受到了日本"神风"突击队的袭击，受到了重创，一直在这家造船厂修理。现在，它刚刚结束了为期两个月的修理。格罗夫斯将军看中了它，决定启用这艘重型巡洋舰来执行贵重货物西运的特殊使命。

请求发出后，很快得到了有关部门的批准。在旧金山办公室里，海军少将威廉·珀耐尔紧急召见巡洋舰舰长查尔斯·巴特勒·麦克维上校，珀耐尔将军命令舰长说："你的舰艇需要运送一批特殊货物，起锚以后必须全速驶向提尼安，在那里，货物将转交他人。如果途中舰艇遭到袭击沉没，哪怕只剩下一只救生筏，你也要将这货物装上救生筏。记住，不惜一切代价保护货物的安全！另外，你和你的士兵们不必知道这货物到底是什么。"舰长麦克维上校表示坚决完成任务，但在离开这间办公室时仍是充满疑惑。

这个"不可替换物"到底是什么，现在不可能轮到麦克维这样一位上校舰长知道。"曼哈顿工程"的军械主任、海军上校狄克·帕森斯只留给舰长一句话："你每天在航行中所保护的东西，对于战争至关重要，它将大大地缩短战期。"

"货物"看起来像一个大圆桶，高不超过 0.6 米，直径却有 6 米。桶上有金属把手，可好像不是用来提的，因为没有人提得起来。它重达 150 公斤，其中 100 公斤是铅绝缘体。

7 月 15 日，弗曼来到了"印第安纳波利斯"号巡洋舰，它正停泊在旧金山猎人角海军基地。与他一起而来的还有一位爱尔兰人，是个上尉，洛斯阿拉莫斯医院的外科主治医生，名叫詹姆斯·诺兰，格罗夫斯称他为"放射学家"。在他们登舰以后，贵重无比的铅桶被吊杆吊上了巡洋舰，弗曼和诺兰从左舷舱口看着那铅桶被金属丝牢牢地固定在舰长室上方的甲板上。除了守卫人员，谁也不准接近铅桶。临起锚时，麦克维舰长还是疑虑重重，他请来诺兰上尉，想探听一个详情。诺兰对货物的详情守口如瓶，他告诉舰长："我是一个军医，我可以保证，这件敏感的货物对船和船员没有任何危险，其他无可奉告。"舰长仍然满腹疑惑地问："难道这是细菌武器？我认为我们还不至于在这场战争中用这类东西。"诺兰上尉不愿再多说话，尽快地离开了。

7 月 16 日上午 8 时 30 分，"印第安纳波利斯"号巡洋舰驶向提尼安岛。在蓝色的太平洋上，巡洋舰以其最快的速度，劈波斩浪，昂首前进。第 4 天早晨，这艘军舰抵达夏威夷，驶入珍珠港。在此它停了 6 个小时，补充了燃油和各种军需品，然后军舰再次起航，又向西航行了 3,000 多海里。7 月 26 日，"印第安纳波利斯"号巡洋舰到达提尼安岛，停泊在离海岸半海里处。"货物"被小心翼翼地用吊杆吊起来，越过甲板栏杆，放到舰旁预先准备好的驳船上。

"印第安纳波利斯"号巡洋舰顺利完成了"货物"长途西运的重任，然后奉命到日本海域参战。仅仅过了3天，这艘军舰及其军舰上的水兵就走向了末日。一艘来自广岛吴港码头的日本潜艇，在菲律宾海域偶然遇到了这艘巡洋舰。潜艇当即发射了两枚鱼雷，击中了水上巨舰的舰首右舷。就这样，载重9,000多吨、有1,996名舰员的美国"印第安纳波利斯"号重型巡洋舰在两声爆炸后，沉入了海底。1/3的水手在睡梦中随巨舰葬身海底，跳海的800多人在茫茫大海中漂泊了四五天，强烈的日晒、严重的缺水、长久的饥饿疲乏，还有鲨鱼的不断袭击，使他们也一批一批地死去。8月3日，美国太平洋舰队的一架反潜艇侦察机在例行侦察时，无意中发现了海面上漂浮的长达数公里的油迹。飞机马上向基地报告了情况。美国海军舰艇"赫尔姆"号被派来营救船员，搜索死难者尸体，舰长霍林斯沃恩中校在他的《搜索报告》中记录了当时的惨象：

所有尸体状况非常糟糕，估计死后已有四五天了。有些尸体穿着救生衣或救生圈，有的只穿件短裤或粗布工装，大多数尸体一丝不挂。尸体已经肿胀腐烂，辨认不出脸部，大约一半尸体被鲨鱼咬过，有的只剩下差不多一副骷髅。军舰所到之处，都有鲨鱼在周围活动，它们在争相撕咬尸体，有时我们不得不开枪把它们赶跑。大多数情况下，难以得到死者的指纹，他们手上的皮肤已经脱落了，有的双手被鲨鱼咬烂了。在这种情况下，医务官只好从死者手上切下一块皮肤，进行脱水处理，设法让它能够辨认。死者的所有个人财物都被取下来，以便用于辨别身份。尸体经过检查后，绑上三四发炮弹沉入海里。由于尸体太多，到天黑时还有很多未经处理。

还有一艘叫"弗伦奇"号的军舰也参与了搜索。它在两天内搜索到并检验了29具死尸，作出的报告也很单调，总是"尸体严重腐烂"，"无法取得指纹"，"被鲨鱼严重咬烂"。

▼ 运送第一颗原子弹的美军重型巡洋舰"印第安纳波利斯"号。

最后统计表明，1,996 名水手，获救幸存的只有 316 人，另外 1,680 人长眠在海底。

这些海底冤魂值得欣慰的是，他们是被一艘来自广岛的潜艇击沉的，短短几天之后，他们千里迢迢运送的那个货物就使整个广岛陷入灭顶之灾。

No.3 纠结的"渔夫"

《一千零一夜》中讲述一个渔夫，曾把一个恶毒的魔鬼从瓶里放了出来。后来，在它还没造成祸害之前，他又想把它装进瓶里。在原子弹研制过程中，有许多科学家就像那个渔夫，一旦洞悉了原子弹这个魔鬼的强大威力，就力主把它放回瓶中。

1941 年，玻尔听到德国海森堡讲到原子弹在理论上是可行的，就十分惊异。一方面，他担心纳粹会首先制出原子弹，整个欧洲会处在德国法西斯的掌握之中，因此，他积极游说美英科学家，希望能赶在德国之前造出原子弹；另一方面，他又对原子弹的巨大破坏力十分担心，他希望国际社会能够监督和控制原子核的研究和应用，使原子核的裂变成为造福人类的工具，而不是相反。

1944 年初，玻尔和美国大法官弗兰克福谈话时说，一旦战争结束，东西方之间可能会出现摩擦和冲突，在冲突中如果使用原子弹，那就会造成毁灭整个人类的悲剧。最好在原子弹造出之前，或者在原子弹还没有用于战争之前，美国、英国和苏联这些大国应就原子弹的研究和使用达成一个协议，把原子弹置于国际社会的监督之下。弗兰克福是罗斯福总统的好朋友，不久就将玻尔的意见转告给了罗斯福总统。1944 年 7 月 3 日，玻尔向罗斯福和丘吉尔正式呈送了一封信。信中说，随着法西斯的灭亡，盟国之间在政治和经济上的分歧，可能成为主要问题，并引起摩擦。所以，应在世界范围内建立起相互信任。他提出建议说，作为取得谅解的第一步，美英应公开原子弹的秘密，使它处在国际组织的控制之下。但是，美英当时正在和日本苦战，恨不得一下子把日本从地球上抹去，他们都不愿接受玻尔的意见。甚至还误解了这位伟大的科学家。在 1944 年 9 月 17 日的海德公园谈话中，罗斯福和丘吉尔认为应该对玻尔教授的行为进行调查，要采取措施预防他泄露原子弹研究的情报，特别要防止把情报泄露给苏联。丘吉尔还提出要软禁玻尔，后考虑到影响太坏而没有这样做。

爱因斯坦对原子能的国际控制也非常关心，1944 年 12 月，他给玻尔写信，建议召集世界物理学家开会讨论这一问题。通过这些科学家，来对政府产生影响，使原子能的研究走向国际化。玻尔认为，最直接的办法还是劝说美英领导人。

玻尔终于找到了一次和杜鲁门总统私人谈话的机会。玻尔说："原子弹试爆成功了，但我们希望总统先生不要按照原来的目标去使用原子弹，只要把它拿出来吓吓日本人，敦促他们放下武器就行了。"

杜鲁门却不以为然，他把玻尔这种想法看成是书生之见。不过在言辞上他依旧显得很客气，他说："玻尔先生，对于你和你的同事们的良苦用心，我非常理解，是要讲究人道主义。但是，我和我的顾问们的看法却和您不太一样。日本不但是我们的最大危险，也是全世界人民最危险的敌人。如果日本人不接受无条件投降，我们研制成功的原子弹应该拿来教训他们。"玻尔听着杜鲁门的话，眼里不由自主地流露出遗憾而痛苦的神色，他嘴唇微微地颤动了一下，情不自禁地叹了口气。他说："总统先生，我知道你要做出不使用原子弹的决定是很困难的。但是，请你认真考虑一下我们的理由。我们建议不使用原子弹的目的，主要是不想利用原子弹毁灭性的力量，这样就不会给人类带来毁灭一切的恐惧和危险。如果人类不想毁灭的话，那就不应该首先使用原子弹。但原子弹实际存在着，在这种情况下，我们应该把它作为一种威慑力量，即利用它来提醒和说服日本人，让他们放下武器，停止侵略战争。让他们了解原子弹武器的巨大威力之后，我想他们会理智地放下武器。"

杜鲁门听到玻尔的话，内心暗暗觉得好笑。他说："你讲得很好，这些想法，我也很赞同。但是，如果我们对日本发出了警告，它依旧不投降，又该怎么办？那么，我们要结束战争，只能从海上登陆，先攻击九州，然后再夺取本州，然后再深入日本的首都东京，这样才能终止战争。但是，想一想不久前的瓜达卡纳尔岛之战，这是盟军和日本军队进行的最大一场战斗。我们英勇的战士在登陆中竟有那么惨重的伤亡，想起这些就令人不寒而栗。以当前的形势来看，我们从海上登陆击败日本不是不可能，但一定会付出大得惊人的代价。你忍心看到那么多人伤亡吗？"

杜鲁门的长篇大论使玻尔哑口无言，他原本准备了一大堆理由，但在这种预想的战场形势面前，都没有太大的说服力。他现在发现，总统对使用原子弹的决心，是不可动摇的。

曾劝说罗斯福支持"曼哈顿工程"的亚历山大·萨克斯也转变了态度，随着战场形势的转变，他在1944年12月向总统提出了一份备忘录，认为如果原子弹的研制取得良好结果后，首先应当安排一次大演习，组织各同盟国和中立国的科学家及宗教代表进行参观，让他们明白原子弹的性质和意义。对德国和日本这些交战国，使用前要发出警告，让居民有时间疏散，免受原子弹的攻击。对交战国要发出通牒，要求投降，否则，将遭到原子弹的毁灭。1944年11月，盟军攻入德国，美国的"阿尔索斯"特遣队逐渐证实德国的核研究还处于反应堆的研究阶段，并没有制造出原子弹。这使当初主要以德国为竞争对手的美国核物理学家松了一口气，开始考虑原子弹对世界政治和人类和平的作用和影响。

西拉德在 1939 年曾四处奔走，敦促美国政府支持核研究计划。他请爱因斯坦签名的信，对美国政府下定决心进行核研究起了关键作用。5 年后，在原子弹即将诞生的时候，他又开始思考原子弹战后可能对美国和世界的巨大影响。他又一次拜访爱因斯坦，请他再一次写信给罗斯福，希望把原子弹的研究置于国际社会控制之下。爱因斯坦又答应了。

1945 年初，西拉德把他的思考写成一份报告，把它和爱因斯坦的信一起准备面交罗斯福总统。罗斯福突然去世后，他又想把这些东西通过新总统的秘书康内利交给杜鲁门。由于新总统刚上任，亟待处理的事情很多，没有时间会见西拉德，康内利就把西拉德介绍给贝尔纳斯法官。贝尔纳斯对西拉德的报告并不感兴趣，他觉得西拉德的担心是多余的，因为据他掌握的情报，苏联根本没有铀，造不出原子弹，不存在战后的竞争，于是很客气地拒绝了西拉德。芝加哥大学物理系主任康普顿也是一位核研究组织者，1944 年 6 月，在他领导下的"金属计划"的组织范围内，成立了一个"战后核子工作委员会"，专门研究战后美国的核研究问题。这个委员会提出了几个报告，其中强调说："由于核研究潜在的军事效应，会有很多国家发展核子研究，所有的国家都必须作出一切努力，建立起至少能控制核战争的国际组织。"1945年，"金属计划"的化学部副主任弗兰克组织了一个"关于原子能对社会和政治的影响委员会"。6月，委员会的7位知名科学家起草了一份请愿书，又称《弗兰克报告》，其中写道：

核能的发展尽管会加强美国的技术和军事力量，但也会带来比较严肃的政治和经济问题。核弹，作为某个国家的独有的武器，仅能保持几年的秘密。各国科学家都知道它的基本原理。如果不能采取措施，在国际间对核爆炸物建立有效的控制，那么就会导致一场核竞赛。在10年之内，其他国家也会拥有原子弹。由于美国的人口和工业都集中在城市中，这场竞赛我们将会处于不利的地位。

由于这些因素，如果不先警告就对日本使用原子弹是不合适的。一旦美国首先使用这种残酷的武器，它将会失去世界的支持，加速武器竞赛，不利于这种武器的国际控制。如果在日本一处无人的地方，首先演示这种武器的强大威力，将有助于控制协议的达成。

美国原子计划的主要决策人布什和科南特也日趋赞同原子弹的国际控制，在他们的建议下，杜鲁门批准建立一个临时委员会，成员包括杜鲁门的特别助理贝尔纳斯、海军助理秘书巴德、助理国务卿克莱丁，以及科学家布什、科南特和康普顿，史汀生任主席。临时委员会主要任务是研究原子弹对美国的政治、经济、军事和对外关系带来的影响，尤其是对日使用原子弹的问题。在科南特的建议下，临时委员会又成立一个科学顾问委员会，费米、奥本海默、劳伦斯都被邀请加入，为临时委员会提供技术咨询。

在对日使用原子弹的方式上，科学顾问们也存在分歧。劳伦斯一直主张在日本上空作一次技术演示，在减少平民伤亡的前提下促使其投降。另一些人则担心万一原子弹演示不成功，或者日本有针对性地采取了对抗措施，就会起不到恐吓的作用。

1945年6月16日，临时委员会在洛斯阿拉莫斯召开了第二次会议。会上对使用原子弹仍存在很大争议，但参加会议的众人都认识到，使用原子弹是可以结束战争的，但会影响到战后世界的稳定性。就这样，《弗兰克报告》的倡议遭到了拒绝。

1945年，西拉德又联合芝加哥的63位科学家，向杜鲁门写了一份请愿书，要求总统不要开创原子能应用于大规模毁灭的先例。但大部分科学家都同意使用原子弹，前提是要给日本一次投降机会，并让他们获知这种新武器的强大威力。当格罗夫斯征求康普顿的意见时，康普顿说："我同意大多数人的意见。我想，只要战争仍在继续，原子弹就应该使用，最重要的是要日本人投降。"康普顿这句话，成了杜鲁门决定使用原子弹的重要理由。

如果直接由海上攻占日本，迫使日本无条件投降，美军必将付出巨大的代价，这是美军使用原子弹的重要理由。除此之外，还有一个重要的原因，那就是美国想通过原子弹来遏制苏联。当时的国际局势是，在欧洲，围绕着管制德国和波兰问题，苏美之间的冲突十分尖锐。此时，苏联按照雅尔塔协定，正把军队调到亚洲，准备和日本开战。雅尔塔协议中，美英牺牲中国的利益，同意苏联收回千岛群岛和库页岛，并承认苏联在满洲铁路和旅顺港享有特权。这样一来，如果由苏联出兵击败了日本，一定会使苏联在亚洲的势力进一步扩大，那么，欧洲发生的冲突又将会在亚洲发生。这对美国来说，无疑是不愿接受的后果。所以，为了确保美国在亚洲的利益，美军无论如何要抢在苏军参战的8月8日之前，尽快使用原子弹，用美军的武力迫使日本投降。这其实是美军急于使用原子弹的重要意图。

所以，作为美国总统，杜鲁门自然听不进去那些劝阻使用原子弹的建议。另外，还有一个传说，在原子弹试爆成功的前一天，杜鲁门读了《珍珠港之难》，面对美军惨重的损失，杜鲁门气愤异常，他在这篇文章的许多地方用红笔划下了重重的记号，那些文字如此令他触目惊心，对日本人气愤异常：

日本零式飞机像蜜蜂般飞来，珍珠港遭到猛烈空袭，犹如火山爆发的轰响，震撼着整个港湾，烟雾弥漫着整个珍珠港的上空，火光接天。188架海军飞机被完全炸毁，159架被炸坏。"亚利桑那"号、"俄克拉荷马"号、"加利福尼亚"号战舰被炸沉，"内华达"号遭重创，"西弗吉尼亚"号拖着烈焰正在下沉。"宾夕法尼亚"号、"马里兰"号和"田纳西"号都丧失了战斗力。三艘驱逐舰葬身鱼腹，其他的巡洋舰也被炸坏，伤亡人数多达5000多人。情况真是糟透了，在我军海军史上前所未有的这场大灾难中，美国在太平洋的整条战线几乎都垮掉了。

高空轰炸机接连投下5颗炸弹，击中"亚利桑那"号，其中一颗穿过前甲板钻进了燃料储藏舱。顷刻之间，熊熊烈火燃烧起来，整个战舰笼罩在火海之中。很快，前舱的数百吨弹药被引爆了。这艘战舰好像火山一样喷出了火舌，舰上一片漆黑，烟雾滚滚，不到9分钟，这艘3万多吨的巨型军舰裂成两段，渐渐地沉入海底。舰上1500多名官兵当时几乎全部丧生，少数人游向福特岛基地，但水面油层厚达8英寸（20厘米），油很快着火了，一团团火柱有20英尺（6米）高，在水中的人无一生还。

每读到这两段文字，杜鲁门心中就是满腔怒火，他心中只有一个念头：如果日本不投降，美军必须向这个邪恶的国家投下原子弹，而且根本用不着提前发出警告。

箭已在弦，不得不发，美国政府使用原子弹的决心是如此坚决，自然不会因科学家的反对而改变。就这样，许多科学家试图阻止对日本使用原子弹的努力失败了，魔鬼最终逃出了瓶子，一旦自由，它再也不愿回去了。

第四章

"小男孩" 肆虐广岛

目标委员会确立的第一个原子弹打击对象是京都，但京都悠久的传统文化使它幸免于难。广岛充当了替罪羊的角色，它不是替京都，而是替整个日本。蒂贝茨从来没有内疚过，他始终认为，他把原子弹投在广岛并没有错，他杀了不少人，但也拯救了更多的人。但是，在原子弹落下的那一刻，谁来拯救广岛人民呢？

No.1 死神来了

确定哪个城市作为原子弹的第一个牺牲品是很不容易的，为此，格罗夫斯提议成立一个目标委员会，这个委员会由物理学家彭尼、数学家纽曼以及 8 位隶属于空军第 20 军的军官组成。1945 年 4 月 27 日上午，目标委员会在五角大楼会议室召开了首次会议。格罗夫斯首先发言，他要求参加会议的人对原子弹要绝对保密，这个要求对这些人来说是多余的。然后他给各位空军战略专家发了一份提纲，让他们为怎样才能更有效地使用原子弹出谋划策。格罗夫斯说，至于实际使用的决定，最终由上级领导来作出。

如何才能使原子弹进行最有效的打击，每个与会者都感到很为难。因为大家不知道原子弹的威力有多大，有的说是相当于 1,000 至 5,000 吨 TNT，有人认为只有 100 吨。另外，由于投弹是用瞄准镜而不是用雷达，天气因素就不得不考虑，最好是一个晴朗的天气。丹尼逊说，日本夏季的天气很糟糕，7 月份最多只有 7 天好天气，8 月份最多只有 6 天，这也许会影响轰炸。后来大家讨论的问题转移到了东京，但由于东京受到了多次空袭，几乎变成了一片废墟，不易对原子弹的效果做出评估。到了下午 4 时会议结束时，全体与会者就第一目标的条件达成了一个原则上的协议：这个城市人口要稠密，直径不小于 5 公里。初选的范围相当大，有 17 座城市被推荐，包括横滨、广岛、长崎和京都。

格罗夫斯最中意的目标是京都，一方面由于京都以前受到较少的空袭，这有助于评估原子弹的效果，另一方面，京都是日本的一座名城，它有 1,200 多年的历史，城市人口约 100 万，市中心分布着 3,000 座寺庙和神殿，打击京都能给日本造成巨大的震撼。

5 月 11 日，格罗夫斯又在洛斯阿拉莫斯召集有关专家开会，进一步研究目标委员会的建议。会议首先讨论了一些意外情况，如果由于天气恶劣或者对方阻击，原子弹无法投下，那该怎么办？如蒂贝茨的轰炸机执行任务后受到损伤无法降落又该怎么办？科学家们不断对这些有可能发生的意外提出警告。如果让水渗进原子弹，将会引起爆炸；如果在同盟国领土上出现险情，必须抛下原子弹时，一定要把弹筒管道内的炸药撤除。类似的紧急情况都要有合适的应对措施，才能保证安全。

至于轰炸目标，最终减少到 5 个城市。空军同意将这 5 个城市作为核武器的打击地，不再进行大规模的常规轰炸。根据格罗夫斯个人的意见，京都被列为第一个轰炸目标。当时会议记录写道："从心理角度考虑，京都的有利条件在于它是日本的文化中心，京都人更能理解这种武器的重大意义。"广岛被列在第二，它是日本第 8 大城市，人口约 34 万。它位于本州岛、本州河口，是日本陆军的一个重要的军运港口，也是日本海军的舰队集结地。城里有当地的陆军司令部，大约驻扎军队 25,000 人，他们曾是日本侵略中国山东、河南的主力部队。该城市主要集中在 4 个小岛上,军事工业也很发达。经调查,这里最近降水很少,房屋干燥易燃,地形平坦开阔,在 2,000 米的半径内挤满了建筑物。河渠可以成为天然的防火道,所以也是理想的原子弹试验室。更重要一点,这里没有盟军战俘,不必担心伤到自己人。

接下去的目标是横滨和小仓兵工厂,其中小仓兵工厂是日本大型军火工厂之一,从事多种类型的武器和其他防御材料的制造。厂区约 1,200 米,宽 600 米,相邻有铁路车辆厂、机械厂和发电厂。此地军事意义巨大,但政治影响不大。

最后一个是新潟,它是临日本海的一个重要港口,有炼铝厂和一个巨大的铁工厂,并有重要的炼油厂和一个油船终点站。委员会讨论原子弹在世界范围产生的影响时,京都得到大多数与会者的赞成,大家都希望原子弹一旦出世,就要在国际上产生深远的影响。与会者认为,京都人由于知识水准较高,有利于把这种国际影响发挥到最大限度。

5 月 28 日,目标委员会在五角大楼召开了最后一次会议。蒂贝茨说他的 21 名飞行员已经精减到 15 名,投弹手进行了几十次投弹演习,大部分着弹点都在目标的 150 米范围内。在不同的飞行高度也进行了演习,飞机有把握在投弹后逃离现场。

与会者研究了一大堆地图和侦察照片,发现京都又出现了一些新情况。喷漆厂已经开始转产炸药,人造纤维厂正生产硝酸纤维。火车站西部出现了一所新建的工厂,每月可生产飞机引擎 400 台。

6 月 12 日,格罗夫斯向史汀生部长汇报了目标委员会的报告。对于第一个打击目标,史汀生认为需要认真考虑。他请来日本问题专家莱肖尔教授,请他谈谈看法。莱肖尔听说京都将列为被毁灭打击的目标,震惊得几乎要流下眼泪。他告诉史汀生,虽然京都集中了大量的日本战争工业,但它是日本古都,集中着日本的传统文化艺术,摧毁了京都,必然会严重损伤日本人的民族自尊心,日本将把美国永久地看成敌人,后果是不堪设想的。史汀生内心也对京都十分有好感,他在担任菲律宾总督期间,曾访问过京都,深深地被它那古老的文化所吸引。既然轰炸这座城市会引起不必要的仇恨,遗留下日后无法解决的纠纷和责任问题,他就向总统建议,不把京都作为轰炸目标。

军政首脑经过研究,又综合了各方面专家的意见,最后把广岛、小仓兵工厂、新潟、长崎作为预定的攻击目标。在选定这些目标时,主要着眼于两点:第一,能对日本军政当局产生最大的心理效果;第二,能构成对全世界、尤其是对苏联当局的实力威慑。此外,还要考虑以下因素,携带原子弹飞机的航程、最有效地发挥原子弹的效果和目标区域内可能出现的天气情况。

杜鲁门总统批准了用原子弹袭击日本的作战计划，美国陆军部正式下达了作战命令：

美国陆军战略空军司令斯帕茨将军：

1. 第20航空队，509混合大队应于1945年8月3日以后，在气候条件许可目击轰炸的条件下，立即在下列目标之一投掷特别炸弹：广岛、小仓、新和长崎。为带领陆军部派遣的军事人员和非军事的科学人员进行观察和记录炸弹的爆炸效力，应另外派飞机随同运载特种炸弹的飞机飞行。观察机应离开炸弹爆炸点数英里距离以外。

2. 在本部准备就绪时，即运去投掷于上述目标的炸弹。关于上述地区以外的其他轰炸目标，另候命令。

3. 一切发布有关对日使用武器的情报都由美国陆军部长和总统掌握。非经事先特别批准，司令官不得就这个问题发布公报或透露消息。任何新闻报道都将送到陆军部作特别检查。

4. 上述的指令是奉美国陆军部长和参谋总长指示并经他们的批准而发布的。希望由你亲自将这个指令的副本送给麦克阿瑟将军和尼米兹海军上将各一份，供他们参考。

代理参谋总长参谋团将军　汉迪

7月29日，战略空军司令斯帕茨少将在关岛第20航空队司令部召集会议，传达了总统命令，宣布攻击目标依次是：广岛、小仓和长崎。到底将手中仅有的一枚核弹（另一枚还没有装配好）投向哪一目标，还需要根据目标区域内的天气情况临时决定。

8月2日，杜鲁门结束了波茨坦会议，在返美途中，他在所乘坐的"奥古斯塔"号巡洋舰上发出了攻击命令。

No.2 小男孩发威

8月2日下午，蒂贝茨带着投弹手托马斯·费雷比少校，来到关岛的空军第20航空队司令部，向李梅将军报告。李梅是个矮胖的将军，他把两人带到摆着地图的桌子前，俯视广岛的最新侦察照片，并问费雷比在哪儿投弹最好。费雷比指向了市中心的T形桥，它位于日本第二军团司令部西南。李梅同意了。

下午3时，执行原子弹攻击的绝密命令——"第13号特殊轰炸使命"出台了。命令定于8月6日实施，广岛的市内工业区再次被确认为第一目标，第二目标是小仓兵工厂，第三目标是长崎。命令强调只能目视投弹，不能动用雷达。将出动7架B－29。一架预先飞往硫磺岛，随时代替"安诺拉·盖伊"号。两架为蒂贝茨护航至目标附近。一架负责摄像，另一架进行空中实验，届时投下3个分别带着仪器的降落伞录下爆炸后的数据，其余3架随航并前往各个目标测回气象情况。8月4日下午3时，蒂贝茨召集执行命令的7名机组人员开会，听取核武器专家、该炸弹设计者之一狄克·帕森斯的讲话。

"你们将要投掷的炸弹，是战争史上的新玩意儿，"帕森斯避开了会泄露机密的字眼，但显然他已汗流浃背，"它是迄今生产出的最具破坏力的武器。我们认为它会把半径5公里内的一切几乎全都毁灭。"话音刚落，听众中传来了一阵透不过气似的喘息。接着，他对"曼哈顿工程"做了一些简单介绍，还放映了沙漠基地有关试验的影片。放映的画面效果不佳，帕森斯平静地根据他的记忆补充描绘了沙漠试爆。大家眩晕起来，就连知道此事的蒂贝茨也惊呆了。帕森斯又交代了一些戴防护镜等注意事项，他警告飞行员，任何情况下都不要穿过蘑菇云。然后，蒂贝茨向他的机组讲话。他告诫他的手下人，到时务必戴好护目镜，并宣布新的无线电呼号为"酒涡"。8月5日下午3时30分，在"第509混合大队"装有空调的炸弹贮藏室里，重达5吨的"小男孩"被小心翼翼地放到链式吊车上，然后平稳地移落到一辆拖车上。这位"小男孩"的心脏正是"印第安纳波利斯"号巡洋舰日夜兼程，横渡重洋，以生命作代价运载而来的"不可替换物"。炸弹外壳上写着一些粉笔字，这是希望日本人以及裕仁倒霉，预祝蒂贝茨及其同伴成功的口号。

炸弹盖着防水帆布，在庄严的仪式下被送到半英里外的停机场，然后被放到一个弹坑里。负责运送的飞机被拖到它上面。这架飞机是蒂贝茨驾驶的"安诺拉·盖伊"号，是根据他母亲的名字起的，正式名称为82号飞机。一辆吊车把"小男孩"吊进飞机的前弹舱，用特制的缆绳将它固定。炸弹并没有完全装配好，帕森斯目睹了许多许多飞机起飞时失事的情况，他担心这架也出这种事，这就会使整个岛被炸掉，他向法雷尔建议起飞后再装配。法雷尔连忙给华盛顿的格罗夫斯拍了一份电报："法官（帕森斯的代号）要求起飞后再装配。"格罗夫斯得到消息，大吃一惊，但他远在本土，即使反对也起不到作用了。12时15分，蒂贝茨领着手下的人来到随军牧师那里，牧师让他们低下头，为他们做动人的祈祷：

哦，永恒的上帝，万能的救世主，

希特勒法西斯已经被您扫荡。

您挥动巨臂，力挽狂澜，

墨索里尼也被您埋葬。

万能的主啊，您的孩子们，

今天正在执行一项伟大的使命:

一场为捍卫美利坚合众国，

为尽快结束战争的斗争。

主啊，祈求您给他们力量，

使他们得以胜利返航。

祈祷之后，他们到食堂吃了登机前的传统的凌晨加餐。然后，大家都回到宿舍休息。但激动的心情使他们难以入睡，有人提议玩扑克，以便消磨掉最后几个小时。

凌晨 1 时 37 分，三架气象侦察机首先从北机场不同的跑道上同时起飞。

23 分钟后，"安诺拉·盖伊"号和两架护航机的机组人员乘车刚抵达起飞地点，便被弧光灯、泛光灯、发电机、摄像机、摄影师、电影导演以及到处乱窜的摄影记者们围了个水泄不通。这是格罗夫斯将军计划中富于意义的环节之一，他要把起飞的历史场面记录下来。有些科学家对格罗夫斯的这种安排十分不满，在他们看来，那场面就像毒品店开张一样。

2 时 20 分，最后一张合影拍完。每个人尽力掩饰内心的紧张和不安，露出满面笑容，装出一副轻松愉快的样子。蒂贝茨机组 12 个人一个接一个地爬上舷梯，钻进前舱门。然而就在这一刻，格罗夫斯的助手法雷尔将军发现狄克·帕森斯忘带了一件东西："你的枪呢？"

狄克于是从旁边一个人那儿借了一支手枪，插在腰带上，转身爬上飞机。除了每人必须带枪外，蒂贝茨飞行服的口袋里还预备着一只小金属盒，里面装有 12 粒氰化物胶囊。上司命令他们若遇不测，可以从"用手枪"或"用毒药"两种方式中选用一种方式自杀。

凌晨 2 时 27 分，北提尼安指挥塔向"安诺拉·盖伊"号发出滑行和起飞命令："酒涡 82，北提尼安指挥塔命令沿 A 跑道向东起飞。"

凌晨 2 时 45 分，（东京时间 8 月 6 日凌晨 1 时 45 分，华盛顿时间 8 月 5 日上午 11 时 45 分），蒂贝茨扭转头向副驾驶员罗伯特·刘易斯上尉说："出发！"

"安诺拉·盖伊"号严重超载，其中包括 32,000 升的汽油。飞机在洒了汽油的跑道上异常费劲地向前滑行。眼下滑行距离已经超过了跑道长度的 2/3，可速度依然很慢。机组人员面面相觑。

"飞机太重了！"罗伯特上尉叫道，"拉起来——快！"

蒂贝茨上校不声不响。他在让飞机继续滑行。向前，再向前……眼看跑道将尽，大地快要消失了……就在眼前出现空旷海洋的一刹那，蒂贝茨将飞机拉了起来。

法雷尔将军在指挥塔上惊出了一身冷汗，心怦怦直跳："啊，我从未见过飞机需要这么长跑道，我真以为蒂贝茨飞不起来了。"

凌晨 3 时，"安诺拉·盖伊"已升到了 1,500 米的高度。机组的新成员帕森斯上校来到蒂贝茨背后，拍拍他的肩膀说："开始吧。"蒂贝茨点点头。

帕森斯带着助手杰普森上尉来到弹舱，他从口袋里摸出 1 张有 11 项检验项目的清单，让杰普森举着电筒，开始一项项进行检查，并安装原子弹上仅剩的几个关键部件。杰普森将工具一件件递给他，那情形真像是在飞机上进行一次外科手术。

3时15分，帕森斯开始向"小男孩"中装填炸药，并连接了起爆管，接着他又装上了装甲钢板和尾板。但他留了一个至关重要的电路特意没有接上。为了保险，他准备将这一工作留到投掷前再做。

东京时间4时55分，两架护航机加入了"安诺拉·盖伊"号的行列，蒂贝茨成为V形编队之刀尖。然而到底要对3个目标城市（广岛、小仓、长崎）中的哪一个投弹，谁也不知道，大家都感到了一种紧张的气氛。

在飞过本州海岸时，天气情况很好。蒂贝茨冷静地把飞机拉平，向着广岛方向飞去。这时，再次收到气象侦察机发来的预报：广岛天气晴朗，上空能见度良好，小仓不良。

▲ 执行投掷原子弹任务的"安诺拉·盖伊"号飞机正驶向飞机跑道。

6时30分，海军上尉杰普森在弹舱将炸弹起爆装置的最后一个电路接通了。所有的准备工作全部完毕。杰普森通知了帕森斯，帕森斯通知了蒂贝茨。现在，蒂贝茨通过话筒向大家宣布："我们就要投掷世界上的第一颗原子弹了！"好几个人激动得难以喘过气来，他们还是第一次听到"原子弹"这个令人可怕的字眼儿。

8月6日7时25分，先行的伊瑟利少校的气象侦察机发来消息，他的飞机在广岛上空巡航时，没有日本飞机拦截，高炮火力也很微弱。伊瑟利报告说："所有高度上云覆盖率低于3/10。建议：优先考虑。"领航员范柯克报告说："我们已经接近广岛。"

不久，他又接着报告说临近目标。"下面是广岛。"蒂贝茨对着话筒通知大家。在薄云的空白处，他和帕森斯看到了一个城市的轮廓清晰地出现在飞机的下面。

"你同意将它作为目标吗？"蒂贝茨问。

"同意。"帕森斯答。

"各就各位，准备投弹，"蒂贝茨对着话筒宣布道，"戴上护目镜。"

8时13分30秒，投弹手费雷比开始控制飞机，他研究过目标照片上的每一个细节。现在，广岛市中心的那座 T 型相生桥向他的瞄准器的十字线飞快地靠近。不错，就是钢筋结构的相生桥，高达1.5米左右的石栏柱共有几十根，看上去是非常非常坚固。"对准了。"他说。

"再校对一次。"蒂贝茨像是对费雷比，又像是对其他人说，"把护目镜拿在手里，准备投弹时使用。"

8时15分17秒，炸弹舱门自动打开。投弹手叫道："炸弹投出去了！"飞机由于重量一下子减轻了5吨，顿时晃晃悠悠地向高空升去。蒂贝茨赶紧让飞机作了60度的俯冲和150度的右拐弯。原子弹正在下坠，先是自由下落，随后弹头指向目标，稳稳地掉了下去。

No.3 惊心动魄的 43 秒

在蒂贝茨等人看来，空中飘浮的"小男孩"像一片树叶，晃晃悠悠地朝着相生桥方向坠落。此刻，飞机已经飞出原子弹爆炸的有效杀伤范围。8时15分43秒，一道耀眼的闪光将整个飞机照亮了。尽管飞机背对着原子弹，费雷比突然感到有一束亮光穿过护目镜，好像要穿过他的眼睛，直向大脑刺来，简直难以忍受。他觉得眼睛热辣辣的，头颅有些生疼，好像塞满了辣椒。他突然发出一声惊叫，全身缩进座椅中，心怦怦跳动着。

同一时刻，范柯克发现一道强光充满了四周，把整个座舱都给淹没了。那光完全都是白中带绿的奇怪颜色，像恐怖电影中那样，真令人难以思议。一瞬间，不仅是机舱，连附近的云彩也都是这样，都笼罩上这种白中带绿的颜色。

蒂贝茨也感受到了同样的情景，由于光线太强，他什么都看不见，包括他面前的仪器，他连忙扔掉护目镜。机尾射手卡伦看见一团巨大的火球腾空而起，急骤扩散，就像有颗星星突然裂开，迎面朝他们飞来。他连忙高声发出警告。正在这时，巨大的冲击波夹杂着爆炸声，使飞机猛地向上一蹿。蒂贝茨觉得那声音有点像高射炮的爆炸声。

他高声叫道："高射炮！"

但没有烟火升起。

卡伦又叫道："又来了！"又是一阵剧烈的震动，但飞机没出现任何异常。

气浪过后，飞机掉转机头，掠过目标，开始观察。

刚开始，机组人员看见下面的广岛出现了一个白色的亮点，好像有乒乓球那么大。一转间，这个亮点就变成一个紫色的篮球，而且很快越来越大，越来越亮。它一面上升，一面发出浓烟。紧接着，一道紫色的火柱从火球中升起，迅速上升到 1,000 米的高度，还在继续上升。很快，这根火柱大约有 2,100 米高，远远看去，就像是一颗彗星从外层空间飞来，但它的覆盖面积比彗星要大得多，似乎半个天空都要被盖住了。这个火柱穿过灰白的薄云升到高空，又像火箭一样，呼啸着、翻滚着，穿过一切阻挡它前进的东西。烟雾和火光混在一起，像恶虎一样发出愤怒的吼叫声，整个机组的人都感到周围好像有风暴在狂啸。

火柱上升到大约 3,000 米的时候，在它的顶端形成了一团硕大的蘑菇云。这团蘑菇云比火柱更活跃，里面充满了烟和火的浓白色泡沫，不停地发出嘶嘶的声音，上下翻滚着，宛如大海中的波涛。大约七八秒左右，这团蘑菇云又迅速向上飞升，一直到 24,000 米高的同温层。从远处望去，它像一朵对着太阳盛开的荷花。只是外面呈奶油色，里面是玫瑰色，边缘向下弯曲着。

不足两分钟，机组人员目睹了这颗原子弹落下到爆炸的情景，当他们飞离爆炸地点之外，最后一次观察时，仍能看到黄棕色的蘑菇云在翻滚着，一浪高过一浪，一层叠过一层，惊心动魄，令人久久难以忘怀。

飞机离广岛渐渐地远了。卡伦对着录音机开始录音："烟柱腾空而起。烟柱中心通红，到处起火……数不胜数……帕森斯上校说过的那种蘑菇云出现了……"

2002 年 8 月 6 日，这是广岛原子弹爆炸 57 周年的日子，美国作家斯塔兹·特克尔对保罗·蒂贝茨作了一次访谈。特克尔时年 90 岁，蒂贝茨已经 87 岁，时隔半个多世纪，蒂贝茨对当年的情景仍记忆犹新。下面是两位老人的谈话：

斯塔兹·特克尔（以下称特）：1945 年 8 月 6 日，那是一个星期日的上午，你驾驶"安诺拉·盖伊"飞到日本广岛并扔下了原子弹，这是在战争里第一次使用原子弹。从那时起，整个世界的命运都改变了。你作为那架飞机的飞行员，事先是不是与物理学家们讨论过这种武器，比如罗伯特·奥本海默？

保罗·蒂贝茨（以下称蒂）：我到洛斯阿拉莫斯一共 3 次，每次都见到了奥本海默博士。

特：奥本海默博士对你说过原子弹的毁灭性了吗？

蒂：从没说过。

特：你最后是怎么知道它的毁灭性的？

蒂：我是从哥伦比亚大学核物理学教授诺曼·拉姆齐那里知道的。他说："我们能告诉你的关于原子弹的唯一情况就是：它的爆炸当量相当于2万吨TNT炸药。毫无疑问这是一次非常大的爆炸。"他还问我是否愿意参战。我毫不犹豫地表示愿意参战。但我不知道扔下炸弹后，接下来应该怎么做。我对奥本海默博士说："我们在欧洲和北非作战时，都是扔下炸弹后直接向前飞，这一次该怎么做呢？"他说："这次你们不能直接向前飞行，因为炸弹爆炸时你们正好在它的上方，应当以正切角度立即离开你投弹的地方。"我又问："正切的角度是多少？"他回答说："从任何一方掉转150度，行动时要最大限度地离开已经爆炸的炸弹。"

特：你掉转方向需要多长时间？

蒂：我曾经反复地练习，最快时能在40到42秒的时间内完成掉转动作。当时我们在提尼安岛。气象预报说8月6日是行动的最佳日子，我们做了一切必要准备，又把一切检查一遍。格罗夫斯将军手下有一名陆军准将使用一种特殊的电传打字机专门负责与华盛顿联系，他一直在那台打字机旁边，最后他告诉华盛顿：已做好一切准备，随时可以行动。5日下午4时左右，我们做好了出发准备。总统下达可以出发的命令后，他们制订了投弹的时间，即上午9时15分。这个时间是提尼安岛时间，比日本晚一个小时。我让领航员计算一下时间，看看我们应该在什么时候出发，才能准时到达。

特：那是星期天上午。

蒂：是的，我们大约凌晨2时15分开始起飞，与其他人会合，然后飞向目标，要求不能出现任何差错。目标是轰炸的最佳地点，有河流、有桥梁和一个大神殿。

特：你们一定会选个适当的人来按投弹电钮。

蒂：我们的飞机有一个轰炸瞄准器，它和自动驾驶仪连接。投弹手把投弹位置输入瞄准器，再传送给飞机。由于投弹时会出现打不开炸弹舱门的意外情况，我们就在投弹手的座位下配备了手动的投弹装置，伸手就能拉动。此外，后面飞机上的人员一定要知道我们何时投弹。虽然我们被通知说不能使用无线电，但我不得不使用。我告诉后面的机组人员，还剩下多长时间，让他们知道何时投下炸弹。完成飞机编队后，我对其他人说："你们知道今天要干什么吗？"他们齐声说："知道，我们要执行一次轰炸任务。"我说："对，但我们这次轰炸任务有点特别。"鲍勃·卡伦是机尾射手，他非常警觉地说："上校，我们今天是不是要投放原子弹？"我说："鲍勃，让你说对了。"然后我又告诉领航员、投弹手和随机工程师这次任务。他们仔细地听着，脸上的表情和原来相比没有任何变化。那些家伙们都不是傻。接着飞机开始下降，当我说出"还有1秒"后，飞机突然倾斜，那个

1万磅重的大家伙从前面给投掷下去。我紧紧抓住操纵杆，飞机开始掉头，并保持着一定高度和空中飞行速度。等飞机平衡下来以后，我们去看那个投弹的地方，只见整个天空一片光亮，闪现着美丽蓝光和红光，非常壮观，我们一辈子都没看过这种景色。

特：当时你听到爆炸声了吗？

蒂：听到了。飞机掉头飞走之后，冲击波向我们直扑过来。机尾射手鲍勃大声喊："它过来了。"就在这时，我们都感飞机尾部受到了很大的冲击。在所有飞机上都装有加速度计，用来记录原子弹的爆炸当量。当时我们受到的冲击是 2.5G。次日我们从科学家那里得知，当原子弹爆炸时，我们的飞机离爆炸中心 10.5 公里。

特：有蘑菇云升起吗？

蒂：我见过其他炸弹爆炸后形成的各种蘑菇云。广岛原子弹没有形成那种蘑菇云，我们把它形成的东西叫做一条细绳。它一直向上冲，漆黑漆黑的，里面有白光和灰色，顶部就像折起来的圣诞树。

特：接下来又发生了什么情况？

蒂：那是地狱的惨状。我记得有位历史学家说一刹那间，广岛这座城市就不复存在了。这话很恰当。我们杀掉了很多人，但我们也拯救了很多人。

特：回国后杜鲁门总统接见了你们。

蒂：那是 1948 年的事。我回到五角大楼后，参谋长卡尔·斯帕茨召见我们，等我们到了他的办公室时，杜利特尔将军也在那里，还有一位叫戴夫·希伦的上校。参谋长说："我刚刚接到总统的命令，他让我们立刻到他办公室去。"我们下了车，立即被护送到总统办公室。那里有一位黑人，他让斯帕茨坐在杜利特尔和希伦的右边，毕竟斯帕茨级别高一些，杜利特尔应该坐在他的左边。然后，这位黑人让我坐在总统桌子右边。当杜鲁门总统进来时，我们都站了起来，总统请我们坐下，接着微笑着说："斯帕茨将军，祝贺你成为空军第一位参谋长。"斯帕茨表示感谢。然后总统又对杜利特尔说："那架飞机飞行成功具有重大意义。"杜利特尔说："总统先生，这并不奇怪。"总统又对希伦说："希伦上校，你认识到空中加油的潜力，这非常有远见，总有一天我们会非常需要它。"希伦也表示感谢。然后，总统看了我足足有 10 秒钟，一句话也没说，后来他终于开口道："你有什么想法？"我说："总统先生，我想我只是执行了命令。"总统一拳砸在桌子上，说："你干得非常好，是我派你去的。如果有人为难你，告诉我。"

特：有人为难你吗？

蒂：没有。

特：你对此次轰炸有过想法吗？

蒂：我没有其他想法。首先，我加入空中兵团就是尽我的最大能力保卫我的祖国，这是我的信念，也是我的努力目标。其次，我有丰富的飞行经验，我知道我做得对。即使我得知自己要做的事情时，我想也没做错。我们是杀掉了很多人，但我们也拯救了更多的人。我们不必再出兵作战。

负责对轰炸效果检查的有两架飞机，一架叫"伟大艺师"号，载着年仅24岁的芝加哥大学物理学家哈罗德·阿格纽。他带着一套复杂的仪器，准备测试这次核爆炸的当量和范围。另一架编号为91，坐着圣母大学物理学家拉里·约翰斯顿博士，他带着快速实验照相机，准备用16毫米的彩色胶卷拍摄爆炸时的火球和烟云以及现场的破坏情况。尽管约翰斯顿博士知道这个事业是正义的，这颗炸弹拯救的人，要比可能杀死的人要多得多，但他看到原子弹从天上落下和爆炸的情景后，仍感到深深的恐惧和不安。从此以后，那可怕的原子闪光和蘑菇云，就常常从头脑中再也挥之不去。他常常觉得，它们就像凶恶的野兽，露着狰狞的面目，贪婪地注视着他。这种恐惧的感觉，多年来一直伴随着他。

第五章

广岛惨剧

前面是大火熊熊的河水,背后是挟带着燃烧火焰的火风,她困在中间,寸步难行,她感到整个广岛,整个日本,她的世界,正在毁灭。与此同时,杜鲁门在大洋彼岸发表声明:如果日本政府继续顽固不化,拒绝投降,那么有史以来从未有过的毁灭性的原子激流,将从天而降,如雨般落在日本人头上。

No.1 燃烧的河水

从高空俯视广岛的 43 秒，是如此惊心动魄，至于地面上发生的事，可想而知了。

8 月，广岛的夜晚异常炎热，人们经常被警报从睡梦中惊醒，大家对此已经习以为常了。每日每夜，美军飞机都在向日本投下成吨成吨的炸弹。但是，广岛始终幸免，没有遭到破坏。有人猜测由于广岛向美国移民比较多，所以美国人对广岛比较友好。还有人说，杜鲁门的一位远房姑妈正住在广岛，所以美国总统特意关照不要轰炸这个城市。因此，广岛一些人并不太仇视那些常常飞过头顶的美国飞机，甚至还把美国的 B - 29 轰炸飞机亲切地称为"B君"。

8 月 6 日这天早晨，广岛人和往常一样，该上学的上学，该上班的上班。8 点左右，当防空警报响起时，许多只是抬头看看天，一点也没有感到惊慌。

当原子弹落下时，不少人都看见，从高空的 B - 29 轰炸机上掉出来个纸屑般大小的白点。又过了一会儿，人们觉得那似乎是个降落伞，没有人会想到它是威力无比的毁灭性炸弹。一个叫田中的日本人，这时候甚至还朝"小男孩"伸出双臂，嘴里喊着："你好，天使！"

又是一个巧合，在"小男孩"蓝色的铅皮上，还确实有一个"天使"，那是一张驰名全球的女电影明星丽塔·海沃丝的玉照，不知是哪位美军人员想搞个恶作剧而贴上去的。

但接下来人们才明白，这不是上帝派来的给人们带来幸福的天使，而是魔鬼的使者。

在此之前，广岛是那么生气勃勃。天守阁、广岛大学、国泰寺、三龙公园，一个比一个美丽的地方，让人流连忘返，让人神思飞扬。在此之前，孩子们高高兴兴地走向学校，公务员匆匆地迈进机关，恋人们挽着手悠闲地散步。但 1945 年 8 月 6 日 8 时 15 分 43 秒之后，随着一道强烈的闪光，美丽的广岛变成了人间地狱。

原子弹下坠以后，没有落到 T 形相生桥上，它偏离了预先设计的弹着点 250 米，在广岛市中心岛川医院上空的 555 米的空间爆炸。

在浓浓的雾气中，广岛开始燃烧了。熊熊的烈火，从市中心一带开始，向四面扩展。火舌像一道道河流向四周流去，后面是挟带着燃烧火焰的火风。一根根粗大的火柱，旋转飞舞着向四面八方扑去。福屋百货商场、本州西部供电公司、广岛市政府，一个个大型建筑物被无情地笼罩在火海之中，火从窗口里往里冲，很快就钻进去。不一会儿，一幢大楼就被吞没了。火焰就像飞鸟一样，从这幢楼飞向那幢楼，从这条街飞向那条街。到处都是黑烟，到处都是烧焦的气味。

火海中一切都是那么触目惊心。从横川车站到三龙公园，马路仅仅有 100 多米长，但

躺了 90 多具尸体。有一对男女被烧得焦黑，但他们的手紧紧地握着。还有一具尸体面部的器官都烧掉了，看起来像个骷髅。还有一具尸体的手向前伸着，似乎想逃出火海。

岛川医院成了原子弹爆炸的中心地带，医院庭院的地面与爆炸空间正好是一个直角，成为广岛死亡世界的焦点轴心。在距爆炸中心 450 米的范围里，88% 的人当场死亡或在当天死去。剩下的 12%，大多数在几个星期内或几个月内也相继丧命。

T 形相生桥长 120 米，桥身虽然未被炸断，但两侧的石栏杆都一根根掉进河里，混凝土的桥面就像海洋中的波浪一样隆起了皱纹。

在横川车站上，电线杆都被烧焦了，乱七八糟地倒在那里。与车站相连的房屋，也几乎全倒塌了。瓦砾堆中，压着数不清的人。呼喊声、呻吟声显得那么尖锐而刺耳，仿佛地狱中所有的冤魂都在号叫一样。

三菱银行高五层，是一座钢筋混凝土结构。第 5 层完全被掀掉了，第 4 层情况好一些，还有一些残垣断壁倒在地上。下面 3 层也受到破坏，楼前都是弯曲的钢筋和光秃秃的柱子。据资料记载，当时有一名职员正坐在银行门前的花岗岩石阶上，原子弹爆炸时，这些石阶也被炸开了一道缝。在几千万度的高温下，这个职员被烧得变成了气体，无影无踪，只在石阶上留下一个暗影。这块石阶战后被保存在博物馆，直到现在，石阶上的人影依然可以清晰地看到。

天守阁位于护城河畔天守台上，高大庄严，雄伟壮丽。据后来广岛人传说，它被原子弹爆炸时产生的狂风吹了起来，就像沙漠中的海市蜃楼一样耸立在空中。它被刮往东南方向，一直刮了 100 多米。其实，真实的情况是，天守阁在爆炸中一下子倒塌了。它落在相距 100 多米远的对面沟里，完全失去了往日的风采，变成了一堆碎瓦烂砖。

广岛第一中学的教学大楼，也在这一瞬间完全倒塌。门窗被烧成了木炭，混在一堆砖

瓦之间，好像一个大垃圾场。在教学楼的旁边，有一个大水池，是消防用的。池边有 400 多人躺在周围，他们大多数都趴在池边死去了。据推测，许多人在爆炸发生后，在热浪驱赶下来到水池边，被迫趴下来，但一趴下就再也站不起来了。他们的衣服都被烧焦了，骨肉毛发也都被烧焦了，仅仅从乳房和阴部这些部位的形状，才能辨别出是男是女。有的已经变成了木炭，连性别也无法分出。

离爆炸中心较远的御幸桥，北边的栏杆很规则地并排倒在桥上，而南边的栏杆都掉到河里去了。这些栏杆都是花岗石做的，柱顶都蹲着一个石狮子，应该说很坚固了，但它们好像是用纸糊的，一吹就飞了。桥下漂着数不尽的尸体，有的躺着，有的趴着，有的拉着手。他们的衣服好像都被烧焦了，看起来好像半裸着一样。显然，他们也是被热浪烧伤，然后倒在河里的。

崛部克子是木川小学的老师。木川小学在岛川医院的西北方，相隔 200 米。学校定于 8 时 30 分召开全体教师会议，由于担心堵车，克子就乘早班无轨电车来到学校。踏进校门，克子看看手表，离会议还有 15 分钟。她松了一口气，正想在办公室桌前坐下，突然有一片朦胧的蓝光闪过。她什么都没有听见，只感到窗子飞了，玻璃碎片四处散开，划破了她的头皮、前额、左臂。以前的防空训练告诉她，这时候应该护住头部，但她早忘记了。她一下子倒在办公桌底下，双手掩住眼睛，大拇指塞进耳朵。

克子很幸运，由于这座楼是厚厚的钢筋混凝土建筑，她没有受到致命的辐射，也没有受到烧伤。当她清醒一些后，看到屋子里的东西完全破坏了，就不敢再待在屋里。刚冲出学校，她立即被裹进一片浓厚、翻滚的黑色尘埃之中。她发现 7 个小孩正躺在地上哭喊着妈妈，他们正在这里捉迷藏，却找不到一片安全的地方。孩子们身上到处流血，衣服成了碎片，大块大块的皮肤从身上耷拉下来。孩子们由于剧痛，大声哭喊着，克子连忙拉起他们，越过那些变成瓦砾的建筑物,朝木安川河方向艰难走去。路只有几十米,在以前几分钟就走到了,但今天却显得那么漫长,似乎永无尽头。最后,克子带着孩子爬上了河堤,汇入了一股推推搡搡奔向河水求生的人流之中。人们都在拥挤着,孩子们也与她走失了。从此,她再没有见到他们。

克子眼前的这条河,河水平时那么清凉,此时似乎也被点燃了。河面上充斥着燃烧的建筑残骸,还有从附近储木场漂下来的浮木。有些人跳到河里,但生命已经终结了,尸体仍冒着黑烟,远远看去,河水好像一个火炉一样。但人们仍争相跳到河里,当然,已经说不清这些人是跳下去的还是被推下去的。灾难中的人们,衣不蔽体,拥挤在一起,满脸焦黑,浑身流血,不知该走向哪里。多数人都把双臂平着伸直,胳膊肘朝外,他们觉得抬高胳膊可以避免摩擦伤口,减轻灼伤的疼痛。克子看到,周围的大多数人由于烧伤,脸庞和身体都古怪地膨胀起来。不断有人死去,克子也感到身体开始剧痛,并不停地呕出一种奇特的黄色黏液,脸上、衣裤上溅满了血污。她困在逃难的人群中间,寸步难行,只觉得整个广岛,整个日本,整个世界,都在走向毁灭。

伊藤荣是一位家庭主妇,这年34岁,她爱自己的祖国,也相信政府从事的战争是正义的。这天清晨,她自愿参加建立防火线的劳动。做这些事时,她很高兴,因为她能和男人一样,为战争做点事了。突然,一道蓝光闪过,她的右肩着火了。紧接着,天空变得昏暗起来,那些还没来得及拆除的房屋立刻倒了,她也被埋在废墟里,费了好大劲,她终于爬了出来。四处都是"救命"的呼喊声,伊藤荣连忙把身旁这些埋在废墟中的人一个一个往外拉。

一会儿,下起雨来了。雨点是黑色的,像是污油一样,落在衣服上都是斑点,不过谁也没注意到。当烟雾散去,那个熟悉的城市已经消失得无影无踪,到处都是瓦砾。伊藤荣向远处的鹤见桥望去,看不见一座耸立的建筑,只有一条条逃难的人流向河边涌去。她感到很困惑,真是怪事,整个城市一下子被炸平了,这肯定是颗新式的炸弹。

25岁的森下文子是一家炮弹工厂的检验员,表面看来,她没受到什么创伤。上午10时,她和姐姐一家人搀扶着向鹤见桥走去。他们离爆炸中心约1000米,当住房倒塌后,他们就随着人流向桥边跑。这座桥通向近郊的伊士山,山上没有起火。桥边的人不再往河里跳了,河水虽然能够减轻灼痛,但河面上到处是漂浮的死尸。森下文子本想到河里凉快一下,但又感到很恶心,就随着人流向伊士山艰难地走去。她以为自己很幸运,不像周围那些人,大都被烧得面目全非。另外,她的腰带上还缠着5000元现款。为了预防空袭,政府曾号召大家都准备这样的腰带,但没有几个人像文子这样做,所以她一下子就成了富人。但她想象不到,她和周围这些逃难的人其实是一样的,几周或几个月后,他们都成为原子辐射的牺牲品。

15 岁的寺前妙子是一位电话接线员，她工作的电话大楼离爆炸点只有 600 米。蓝光闪过的那一刻，她刚戴上耳机和话筒，装有电话器材的盒子突然掉了下来，砸在她的身上。她爬到楼梯口，见到楼道阶梯上到处都是同事们的尸体，把路都堵住了，她只好从窗台爬了出去。她的左眼什么也看不见，右脸和右臂鲜血直流，但她却感觉不到什么疼痛。大街上挤满了逃避大火的人群，她看到一个十来岁的小男孩呼唤着一个小女孩："麻子！麻子！你不能死！"但那个小女孩再也没有回应了。下午，妙子艰难地来到了伊士山的山腰，她的脸肿得很厉害，只剩下右眼一道窄窄的缝来看东西。在一个临时急救站门前，一队长长的伤员在等待救护，还有人在尖叫，"水，水！给我点儿水"，"杀了我，请杀了我吧！"队列中，妙子不知等了多久，她的眼睛终于肿得什么也看不见了，只觉得有人在用针帮她缝合伤口，但却不给她打麻醉，妙子疼得直哆嗦。绷带整个地包住了她的脸，只露了两个鼻孔和一张嘴。

34 岁的冲本常男是一位会计师，在市郊上班。他家离爆炸中心仅仅 150 米，但幸免于难。因为他的自行车车胎前一天破了，8 月 6 日这天，他不得不一大早离家去上班。原子弹爆炸时，他已经到了离市中心 1.6 公里的广岛火车站，刚刚登上一列火车。几个旅客被抛向空中，落下以后压在他的身上。他爬起来时，背上净是血，血是别人的，他因为被别人压着而没有受伤。他先是惊恐地随着人群向北逃去，后来又转向西南方向，平静之后，他决定回家看看妻子是否还活着。早上逃难时，到处都是人，而返回的路上，几乎就他一个人。市区到处是燃烧的大火，街道两边遍布着已经烧焦的尸体，越接近市区，越感到热不可耐。后来他热得再也走不动了，只能换一条道。在路过广播电台时，他看到一辆有轨电车，车中挤满了人，个个都站立着，可是都死了。夜幕降临了，广岛犹如炼狱，犹如火的世界。冲本望着全城的熊熊烈火，感到妻子生存的希望太小了。在广岛市东部和爆炸中心地区，火光都是赤色的，而市西一带，却是蓝色的火光。在那里，幸存的人们正在用汽油成群地焚化尸体。第二天上午 10 时，冲本终于回到了家中，然而，迎接他的再也不是温柔的妻子，而是一片灰烬和妻子烧焦的头颅。冲本没有流泪，这类惨况在短短两天已经见得太多了。他把妻子的头颅装进一个防空兜帽里，带到郊区他父母亲的家，在那里，他把妻子的头火化了。

原子弹的威力太大了，在它落下的一刹那，已经注定这个恶魔脱离了美国人的控制，它要伤人时，不再仅仅指向日本人，也包括在它魔力范围内的所有美国人！

一旦明白这场惨剧是美国人的杰作，日本人愤怒的情绪就开始指向这些可恶的西方人。

任何一个美国人，都被日本人看成元凶，都应受到最严厉的处罚。18 岁的矶子玉越过相生桥去寻找她 16 岁的妹妹时，她就看到了这样的场景，一名高大的穿着美国军服的人被绑在桥东头的一根石柱上，周围是愤怒的日本老百姓，一边叫喊，一边往他身上掷石块。不用说，这个可怜的美国俘虏虽然没有立刻丧命在最先进的武器之下，但无疑要被最原始的武器杀死了。

格罗夫斯曾设想广岛没有美国的俘虏，事实上，投放原子弹时，广岛有 23 名美国战俘。爆炸后的两个星期内，在广岛，或许感到最恐怖的不是当地人，甚至不是日本人，而是 10 名美国 B－29 飞机机组的战俘。8 月 8 日，这架飞机在执行轰炸任务时被迫降在日本邻近的海域，机组人员在救生筏里度过了一周，后来被日本渔船捕获。8 月 17 日，战俘被送到广岛。

当时，他们眼睛上都蒙着布，手脚被牢牢捆在一起，躺在城东练兵场的草地上。在他们周围，围满了愤怒的人群，他们想把对美国人的仇恨都发泄到这些美军战俘身上。哪个战俘只要有任何动作，都会遭来毒打。为他们当翻译的是军事警官福井伸一上尉，他在美国留过学，对美国有些好感，所以保护了他们。当那些围观的日本渔民准备了一块大砧板，要在上面切下美军俘虏的头时，福井出面阻止了他们的疯狂行动。他将俘虏押上一辆卡车，并对人群大声喊道："我是负责他们的人！"人们只好让卡车开走。一路上，福井不停地大讲投放这种超级炸弹是多么不人道。

当车开到广岛火车站时，福井让司机停下，把战俘的遮眼布拿了下来。"看看你们干了些什么！"他愤怒地叫道，"一颗炸弹！就一颗炸弹！"这些美国俘虏面无表情地地坐在卡车里，穿过市区。"那真是一次可怕的行程，"机组报话员马丁塞普夫后来回忆说，"看不见一幢立着的房屋，任何物体都不会移动，狗啊猫啊也都消失了。空气中充满了一股烧焦头发的奇怪气味。没有任何声音，只听到福井愤怒地叫喊：一颗炸弹！就一颗炸弹！"

到了城郊时，卡车再度停下，又有两名美国战俘也被送上车。他们是来自马萨诸塞州罗威尔地区的海军飞行员诺曼·布里斯特和肯塔基州考宾地区的空军中士拉尔夫·尼尔。看起来他俩身体状况真是糟糕透顶，不断地呕吐，仿佛正在经受着巨大的疼痛。B－29 雷达军官斯坦利·莱纹后来回忆说："我永远也忘不了当时的情景，从他俩的嘴里和耳朵里，不停地流出粘粘的可怕的绿色液体。"

这两名幸存的美军俘虏说，8 月 6 日，他们与另外 21 名美国飞行员被关押在广岛。他们只记得发生了一次大爆炸，然后大火开始燃烧，当时他们两人跳进了一个污水池，所以保住了性命。这些人都没听说过原子弹，卡车上其他的人也不知道，他们只对这次爆炸感到万分惊讶。当然，他们还不知道，这两位俘虏的症状正是致命的核辐射中毒的反应。当天晚上，这群战俘被监禁在一个日本军营的囚室里。那两名经历广岛爆炸的俘虏开始感到疼痛难忍，他们不停地尖声叫喊着。看守的日本人实在不耐烦了，就把一只急救箱送给 B－29 机组人员，他们马上为这两个人注射了吗啡，但吗啡也不管用。

俘虏们要求为他们想想办法，医生请来了，但他愤怒地说："我想听听你们有什么办法，炸弹是你们投的，我能想出什么办法。"

整个夜晚，两个垂死的人在痛苦中叫喊着。"他们祈求我们，用枪把他们打死吧，快点结束所受的痛苦，"莱纹回忆说，"但不到天亮，他们就死了。"

E·索耶，也是广岛美国战俘营中的一个战俘，也是幸存者之一。他在一篇题为《原子弹落下那一天》的回忆录中说，"爆炸发生那天，一片混乱，日本兵都忙着挖掘砖瓦堆寻找幸存者，他们也忙着搜寻其他战俘。他看到一堵烧黑了的墙壁，墙上有个灰色的人身轮廓，看来像幽灵似的。"他判断说："这个人在爆炸时一定是靠墙站着的。"索耶觉得很恶心，在仓库那儿，他们找到了另外几个战俘的尸体。有两个倒在地上，第三个仍坐着，眼睛睁得大大的，但眼珠好像慢慢化成蜡状液汁，从肿胀发红的脸上慢慢流下来。许久许久，他们都惊讶得说不出话来。

在广岛，还有大约 3,200 名日籍美国人，弗洛伦斯·加妮特就是第二代日籍美国人之一。原子弹投放前，她在广岛与祖父祖母居住在一起。加妮特的父亲在洛杉矶经商，希望女儿在日本接受教育，但加妮特却不愿意待在日本。她思念美国，时常梦见汉堡包和热狗。她并不喜欢这里的教育，有时因为和男孩子说说话，就会遭到批评。在当地老师看来，本分的女孩子在这里是不和男孩接触的。另外，她不得不参加防御训练，常常挥舞竹制的长矛。她请老师不让她参加这些训练，但老师不答应。在爆炸当天，加妮特幸免于难，但她不停地呕吐、腹泻，身体极度虚弱，天上落下的黑雨弄得她满身污浊。她最后终于找到了祖父和祖母的尸骨。她把他们放到一堆木头和报纸上面。这时来了一名士兵，帮她完成火化。

在爆炸中心，温度高达亿度，爆炸中心的许多人在一瞬间消失得无影无踪，他们幸存的亲属始终以为他们只是失踪了。更多的人在一刹那之间被炸得粉碎，以至于寻找残骸都不可能。无奈之中，死难者的亲属只好就地捧起一把灰土，权当祭奠的亡灵。没受伤的人希望找到自己的亲属，受伤的人，更渴望与亲人团聚，在灾难面前，他们这种希望更加迫切。

8 月 7 日，爆炸发生后的第二天，惊恐逃离广岛的市民开始返回家园，希望能找到自己的亲属。其中一人是四年级学生山崎进，他今年才 10 岁。山崎进家住城东练兵场附近，他最大的爱好就是看那些士兵们在操练，希望有一天自己也能加入到他们的行列。此时此刻，他随着人流又向城中走去，希望能找到失散的母亲。他母亲在房屋拆迁队工作，8 月 6

日一大早就出了家门。山崎进像往常一样待在家里，哄年幼的妹妹玩。他在没有任何准备的情况下就被埋在碎石瓦砾之中。他挣扎着爬出来，看到一幅非常奇怪的情景。房屋只剩下一个空架子，成群的人穿着破烂的衣服匆匆走着。一个不知名的妇女带着他，走到了城外。8月7日清晨，山崎进回到家中，却看到那熟悉的房屋已经荡然无存。他来到练兵场，只见四处都是堆得很高的尸体，场地上燃起了大火，许多尸体被扔进火里。整个练兵场挤满了烧伤的人群，许多人不停地呻吟，希望能得到一点水，渐渐地，他们的声音越来越小，最后再也不说话了。

山崎进在这些伤者和死者中间慢慢地走着，希望能看到自己的母亲。死人的面孔都变了形，为了辨认，他不得不凑近这些死者的脸。突然，他看到一个女人，像是自己的母亲，就赶忙跑了过去。真是的，往日慈祥的面容充满了伤痕，浮肿得很厉害。在母亲怀中，他的小妹妹已经快要死了。山崎进忍不住哭了起来，不久他止住了泪水，他觉得应该肩负起家庭的责任。他跑到一位熟人家，借来一辆手推车，把母亲扶上车，离开了这个练兵场。在别人帮助下，他们制成了一个小棺材，把妹妹放进去，又运到一个临时的露天火葬场去火化。

后来他向别人讨来一瓶椰子油，抹在母亲的伤处，再用布把伤口裹起来，就这样，他每天不停地为母亲换洗绷带，抹椰子油。他们每天的食物是发霉的红薯，后来红薯吃完了，就吃红薯叶。不久，母亲的头发开始脱落，山崎进吓坏了，他以为母亲要死了。周围很多人都是这样，先是头发掉完，然后就死了。但他们最后幸存下来。

红十字医院是广岛最大的医院，有 400 张床位，在医院走廊的墙壁上，许多人用鲜血写下自己的名字，希望能被亲人看到。在河里行驶的小船上，大都挑着白色的小旗，上面也写满了名字，都希望被亲人发现。许多人为了找到亲人，不惜跑遍全城，每到一处，都要仔细辨认那些面目全非的尸体，见到受伤者，也都走上去询问。仓本完治找了几天，也

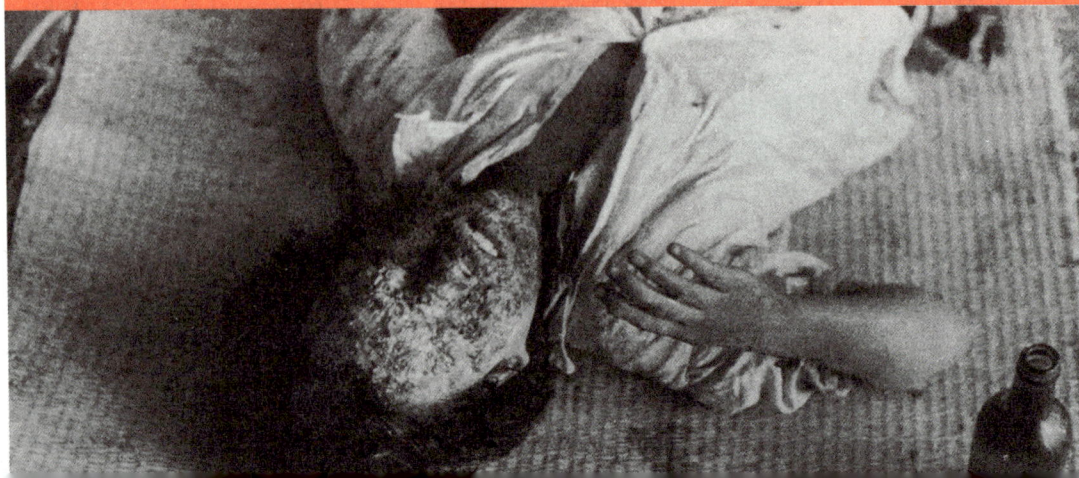

▲ 这个女孩被送往广岛红十字医院，她不停地叫着："水！水！"

没找到父亲的尸体，后来他想起父亲身上常带一个老式大怀表，就不再看尸体的脸，而是不停地搜他们的口袋。就这样找了两个星期，仍没有结果。

有一家公司，爆炸发生时工人全部遇难。公司经理把死者火化后，骨灰放在一个大盒子里，当工人亲属来询问时，他就让他们领走一小撮骨灰。后来，他又把死者们的手表、皮带扣等物品，摆在公司门口，让人来认领。

No.2 惊恐的幸存者们

一直生活在广岛的依田彻回忆说："那时我只有 12 岁，原子弹爆炸时，我离爆炸中心只有 900 米。我能活下来真是个奇迹。"他在爆炸后选择了留在广岛学习医学，并用一生的时间治疗那次核爆炸的受害者。

"在 8 月 6 日那天，我比往常更早来到学校，突然，我觉得胃有些不舒服，就到教室休息。当时教室中还有中岛，他正在打扫卫生。"多年之后，这位中岛因患血癌在依田彻怀中死去。

"过了一会儿，我所到了轰炸机的声音。随着飞机的声音越来越大，许多同学都跑到院子里。我想我也应该和他们待在一起。就在这时，眼前出现一道巨大的闪光，随后我感到一片黑暗。紧接我闻到一股奇怪的气味，好像是石膏。我觉得脸上和肩膀上都很疼，好像是烧伤的感觉。我走到外面，觉得什么都看不清楚，只能分辨出一些树的影子。周围静悄悄的，可怕极了。我抬头看看天空，太阳像个巨大的月亮。我想到了自己看过的一本科幻电影，讲的是小行星和地球相撞。我想，这件事是不是真的发生了？我觉得一切好像都被毁灭了。"

依田彻漫无目的地走着，"我听见周围到处都是哭喊声，到处都是乱跑的同学。大家的衣服都成了碎片，脸好像烟熏过一样变得漆黑，眼睛也不那么有神，眼窝都陷了下去。手的皮肤被烧得开始脱落，这个场景以前听都没听说过。"

由于学校的房子开始燃起了大火，依田彻不得不离开学校。在街上他遇到了一些救援人员，他们想用浸了油的纱布为他裹伤。但依田彻远远躲开了，他觉得胃里特别难受，不停地呕吐。

"开始我以为是因为自己的胃不好，后来才知道那是因为辐射。我一直想，是不是因为当时我不停地呕吐，才把身体所受的辐射排到了体外，让我最后能活了下来。"

和其他幸存者一样，不久以后，依田彻的毛发开始脱落，白血球下降。在他开始学医后，他的这段独特的经历和记忆使他成为研究放射医学的专家。

武太郎是马自达公司采购员。原子弹落下时，他正走在乌神社前的街道上。听到轰鸣声后，他抬头看见一个降落伞从飞机肚里落了下来，飘飘悠悠地，缓缓下落。他回忆说："我看了一会儿，刚刚低下头，就听到'轰隆隆'一声巨响，像一阵雷声从山谷传来，天空出现了一片黑色烟雾，同时闪出夺目的白色亮光，射得人眼睛发痛。我连忙跑到路旁的屋檐下，心想一定是哪个弹药库被引爆了。我望了望弹药库的方向，心想也许很快就好了。"

"正在这时，大地开始抖动了，好像地震一样。紧接着又是一阵狂风，把周围房屋的门环刮得哗哗直响。又是一阵，街道两旁的房屋倒下了一大片。同时，不远的楼房也开始倒塌了，还扬起了灰色的烟雾。满街都是尘土，到处都是烟火。"

"我很担心我妈，就向家里跑去。我家离乌神社只有一公里，我快速地跑着，任凭汗水流了下来。到家一看，四间房子全倒塌了，母亲一定是压在里面。我拼命用手扒开瓦砾，终于把她老人家给拉了出来。她满口鲜血，受伤很重，一句话也说不出来。我想找辆车，但到处都混乱一片，只好把她背向医院，但一会儿，她就死在我怀里了。"

野津幸子是三井银行职员。原子弹爆炸的前一天，她从名古屋返回广岛。早晨，司机拉响了汽笛，列车缓缓进入广岛火车站。突然，就听到"咣唧"一声，整个车厢猛地开始剧烈摇晃。旅客们都东倒西歪地倒下了，许多人都以为是火车脱轨了。透过车窗，幸子看到外面的天空晕红晕红，真是可怕极了。这时，火车停了下来，离广岛火车站还有200多米。远远看去，那边的树木和房屋好像都倒了。这时又有很多人说是地震了，车厢里乱作一团，每个人都争着逃命。她回忆说："我连忙从窗口爬了出去，我很担心家中可爱的女儿。我不知城里到底发生什么事了，只是不顾一切地向家里的方向走去。到了左官町一带，看到大火把街道都毁掉了。路面上的沥青融化了，粘在鞋底上，走起来很费劲。街上的房屋大多数都倒塌了，到处是令人不忍再看的尸体，有的烧得像沥青一样，有的只剩下一只手或一只脚。我匆匆赶到家庭所在的街道，情景更令人吃惊。一切都那么陌生，那门边的古柏，以前枝叶茂盛，现在只剩下烧黑了的树干。还有些烟一缕一缕地向外冒着，真的怕极了。"

"我慌慌张张地走到小巷深处，看到邻居的房子都倒塌了，当然，我家的房子也一样。"幸子继续回忆道，"我大声呼喊我的女儿，但没人答应我，以前，见到我回家就扑向我的女儿再也没有出现。我焦急地呼喊着，但什么也听不到。我坐在瓦砾堆上，不知该怎么办。这时，我呼吸越来越紧张，浑身不住地冒汗。我又开始大声呼喊，隐隐觉得南边院墙下有微弱的呻吟声，就急忙跑过，拼命地用手扒开砖块。我终于看到了女儿芳子，她躺在一堆碎砖中，胸前一片血红，一根很长的梁柱，正砸在她的头上。我急忙把她抱起来，紧紧搂在怀里，但她再也没有醒来。这个可爱的孩子，还不满3岁，只活了931天。在埋她时，

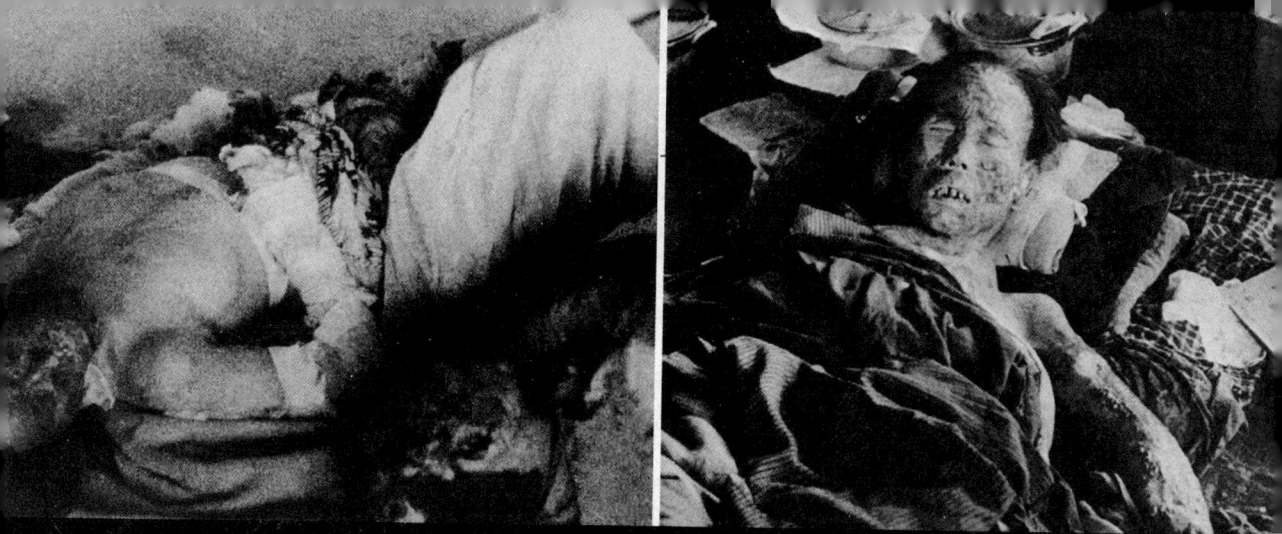

▲ 在广岛红十字医院，一位被烧伤了面部和手臂的妇女（左）和一位体无完肤的老太太（右）。

我发现她手里还拿着一块已经融化的巧克力。"多年后，每当提起这段往事，幸子的眼里就充满了泪水。

吉田是一名造船厂的工人。8月6日那天早上，他正和竹野先生走到纸屋町，准备经相生桥到左官町去办事。还没到桥前，就听到飞机的马达声，他听到竹野说："落下来一个降落伞。"也抬头去看。他回忆说："我看有个白色的降落伞，缓慢地向北边飘去。我想伞下吊的可能是炸弹，但竹野说可能是宣传品。正在争论，就听到一声巨响，大地开始晃动起来，在西北角的天空，升起了一团黑色的烟柱，像个奇异的怪物，可怕极了。紧接着又是一声巨响，接着又是一声，这接连的响声震耳欲聋，又令人心惊肉跳。这时，狂风带着热浪吹来了，马路边的榆树被刮倒在地上，树上的鸟也'喳喳'直叫。我和竹野都摔倒了，看看周围，也倒下了一大片人。有人喊：'是汽油弹爆炸了！'人们争着逃走，但就是站不稳。这时候，路边的楼房也开始倒下了。木制的门窗开始燃烧起来，火焰滚滚，四处蔓延。我不知从哪儿来了一股劲，拉起竹野就跑，摇摇晃晃地不知跑了多远，终于感到风向有些变了，烟火不再向我们这边飘了，才停住脚步。"

王大文是中国辽宁人，1943年到日本留学，年仅20岁。8月6日早晨，他到学校一间很小的音乐教室里自习，忽然听到飞机的俯冲声，但没有听到警报，他想看看发生了什么情况，就推开窗子，探出头去。突然一道亮光闪过，并听到像打雷一样的隆隆声。他意识到情况不妙，就连忙躲到一张桌子下面，随后他失去了知觉。当他醒来时，发现下胯和嘴巴上都是泥土。幸运的是，屋顶上的大梁掉下来后在他头顶上支撑了一个小空间，否则他就没命了。门口被乱七八糟的东西堵住了，他只好从墙壁的缺口处爬了出去。出去后，他看到整个广岛有一个巨大烟柱升在高空，还有火光在不停地闪动。城市的轮廓也看不到了，因为烟尘像一个大幕把整个城市都罩住了。一个星期后，他才知道是美国人投下了原子弹。

昭和二十年八月　広島駅前派出所　駅前郵便局（と思われる）下敷きになった石段のそばをよんでいた石段の下に人らしきものが中にも人らしきものがも立っていた……

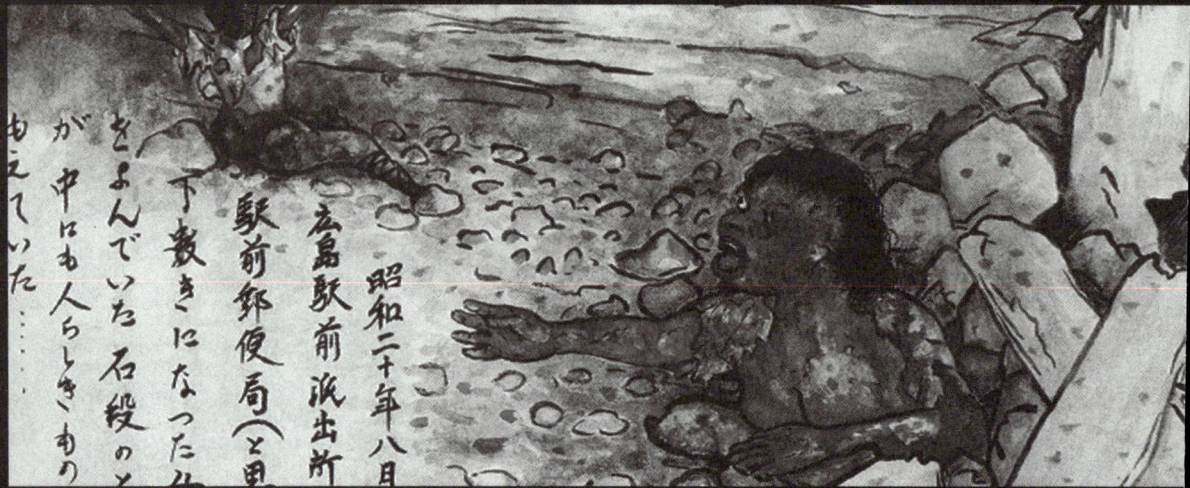

▲ 绘画作品中展现的原子弹爆炸后广岛的惨烈场景：蘑菇云、被压在瓦砾下呼救的妇女以及相生桥边奔跑的人们。

爆炸中心离学校有 2,400 米。王大文上课的教室是在大楼的深处，窗户又背着爆炸的方向，原子弹爆炸的闪光是反射过来的，所以他受伤才不太严重。后来，他到东京医院接受检查，发现红、白血球都很少。在医院治疗的半年期间，东京的医生也不知该怎样治疗，每天就给他注射葡萄糖加强营养。回国后，他又到北京检查了一次，没有发现问题。就结了婚，还有两个孩子，他们都很健康，真是太幸运了。

英国战俘沙威是英军高射炮连的士官，1942 年初，在太平洋东帝汶岛作战时被日军俘虏。8 月 6 日那天，他正和其他战俘在一艘 5,000 吨的货轮上卸糖包。沙威和另外 3 个人先下到船舱里，把每包糖搬上起重机放下的载板。忽然，强烈的白光照亮了船舱的每个角落，光太强了，把眼睛刺激得简直什么也看不到。船被吸得下沉，强大的力量使船剧烈地摇摆震动，船身撞到混凝土码头上。他们都被重重地撞到底舱上。外面，不停地传来巨大的隆隆声，电灯也熄灭了，舱内一片漆黑。他们不知发生了什么事，只是紧紧抱住糖包，任轮船不停地跳动。一个澳大利亚战俘说，一定是有人把炸弹扔到码头上了。可是奇怪，又没有通常的爆炸声。他们扯起嗓子喊，也听不到回音。舱内温度猛然升高，让人无法忍受。就摸索着想爬出去，金属梯热得烫手，手都不敢握上去，连水下的舱壁也是热的。他们 4 人就待在船舱忍受着火烧一样的煎熬。不久，又下起雨来，巨大的雨点从舱口落入舱内，不一会儿，雨点越来越大。突然，雨点又停了，外面静悄悄的，真是有点儿奇怪。过了很长一段时间，才听到甲板上有人走动。他们也走了出来，看到外面一片凄凉的景象。到处都是烧焦的尸体，发出令人窒息的气味。大片大片的建筑物都倒下了，景象真是惨不忍睹。他们的运气好，正好在船舱里干活，才大难不死。

No.3 来自美国总统的声明

爆炸发生后，广岛呈现出一片混乱的景象。没有人知道发生了什么事，也不知道该怎么做。政府瘫痪了，交通中断了。但很快，有人挺身而出，领导大家脱离险境，或者开展自救行动。

最早帮助维持秩序的是警察前冈元治，他才 18 岁。爆炸前，他正裹着一条绿色毛毯在临时住所休息，这个住所在伊士山附近的大门院寺庙。爆炸发生时，他连人带毛毯飞向空中，被甩到了楼梯口。他刚跑出来，想看看外面发生了什么事，寺庙就倒塌了。幸亏那个毛毯，才使他没受到太严重的伤。人群那么混乱，前冈元治就开始组织大家向山上逃命。但这些人受的伤实在太严重了，许多人一点也挪不动脚步。前冈就找来一个大茶壶，提向山来。一路上，许多人都向他求救，在警校时，老师说烧伤的人不能多喝水，但他实在不忍心看到这些人痛苦的样子，就把水分给每一个人。

浜井新三 38 岁，毕业于东京大学，性情内向，十足的书卷气。他是一位和蔼的中层文职人员，在市政府分配部门工作，负责粮食和食品的分配。爆炸发生时，他正和家人待在郊区的房子里。爆炸发生后几分钟，他就骑车向市政府赶去。到处都是废墟和难民，他只好推着自行车前进。后来他遇到了一位市政府工作人员，告诉他几乎所有的市政府官员都已死了，包括市长。也看不到消防队员来救火，显然，消防设备已经失灵。整个城市好像已经解体了。

浜井新三感到自己应该负责解决难民的温饱问题。于是，他把那些仅存的市政官员组织起来，自己担任组长。此时，他一改平时的书卷气，变得十分坚定，颇富领导才能。他对其他官员说，在离市政府最近的地方建立一个应急指挥部，他将亲自去寻找粮食，然后把粮食运到指挥部。

然后，他穿过逃向城外的人群，向城南的装甲车训练中心奔去，他需要几辆车来运送粮食。但当他赶到中心时，那里的负责人对他打着官腔说："车辆不能给你，因为没有司机，而且我们正要下班。"浜井新三十分恼怒，一改往日温和的作风，对那些官僚们吼道："你们这些自私的行为真是不可饶恕，难道你们没看到广岛的市民正在挨饿吗？难道训练中心不也是属于国民吗？"激烈的争吵打动了两位在中心帮忙的大学生，他们走到浜井新三面前，自告奋勇地说："你说的我们都听见了，我们给你开车。"

下午 3 时，浜井新三带着这两辆卡车回到了市政厅对面的广场，车上满装着一包包的面包。此时，政府大楼的明火已经熄灭，但仍不停地冒出火星，天气热得简直要令卡车爆炸。

其他官员已经在市政厅广场搭起了临时办事处，为了防止火灾的蔓延，周围的房屋已经拆除。广场上，挤满了受伤和饥饿的难民，希望得到食物和药品。当即，这些面包分给了大家。浜井新三四处奔波，他安排郊区 3 个县的妇女每天自愿提供大米供应，并不断向上级领导呼吁，加强管理，救济灾民。

他后来回忆说："我仿佛是在梦中工作。"其实他周围的一切都不是梦。在市政厅前，他被一名 12 岁的小姑娘拦住了。小姑娘的脸、手、腿都严重烧伤，她请浜井新三帮帮她。浜井新三找来一把椅子，让她先坐一会儿，并答应她马上回来，然后送她去医院。小姑娘在椅子上坐下了，脸上绽开了笑容。几分钟后，浜井新三回来时，小姑娘依旧僵直地坐在椅子上，浜井想把小姑娘抱起来，可是，她已经死去。每天，周围都会发生很多类似的事情。

他多么希望这一切都仅仅是一场噩梦啊。

中村是政府官方同盟通讯社的记者，8月6日早上，他正在一位朋友家里吃早饭，那儿在广岛西部，距离爆炸中心13公里。突然，房间朝东的玻璃窗被震得粉碎，中村也倒在地板上。当他跑到外面时，看到一片巨大的黑色烟雾在广岛中心升起，渐渐变成一个火球。

他连忙骑上自行车，向广岛市区驶去。沿途的景象令他震惊，来到总部，他发现只有一条电话线仍与外界有联系，它是连接冈山电台的。此时，已经是上午11时20分。中村拿起话筒说："请立即把这个消息转告给同盟社冈山办事处。"然后，他口述了一个令人难以置信的电讯："8月6日，大约清晨8时16分，一架敌机飞到广岛，投下一枚特殊的炸弹，将整个城市毁灭了。预计死亡人数为15万以上。"

中村直接与同盟社办事处的负责人接通了电话。办事处的工作人员把他们的谈话记录下来。这位负责人对中村的电讯稿不太满意，让他再发一条比较实际的，不含夸张成分的消息。因为东京军事当局提供的情况可没这么悲惨。

中村失去了理智，他大骂东京军事当局是世界上头号的傻瓜，是不通人性的畜生。他把一路上见到的细节通过话筒讲给负责人听，于是，不管是讲述者，还是接听者，都不由自主地流下了眼泪。

蜂谷道彦是广岛电信医院的院长，爆炸发生时，他正走在医院的花园里。在那里，他被炸晕了。醒来时，已经是第二天上午了，他躺在医院一层楼的一间病房里，身上缠着浸透鲜血的纱布，地板上都是医疗器械，家具碎了，窗框碎了，地上都是碎玻璃。他想站起来，两位医生连忙扶住他，其中一位是主任外科医师，他们身上也都缠着纱布。这位外科医师告诉蜂谷道彦，医院总共有2,500多病人涌了进来，电信医院的125张床位远远不够。现在，病人已经占据了医院所有的空间，病房里、地板上、楼梯上、花园里，甚至有人躺在厕所里。病人的症状十分类似：化脓腐烂的烧伤、呕吐和一种令人怀疑的腹泻。有些病人不停地便血。没有人打扫卫生，到处都是污秽。

蜂谷道彦尽管受伤也很重，但他想自己是院长，在这紧急关头应该肩负起领导的责任。他认为病人可能得的是传染性杆菌痢疾，就命令搭起一座棚屋，在能力许可范围内建立一个隔离病区。

有两位朋友从附近城镇来看望蜂谷道彦，他们诉说了一路上所见到的惨景："那些逃亡的士兵比漂浮在河面上的死人更悲惨，他们简直没有脸！眼睛、鼻子、嘴都被烧了，耳朵似乎也熔化了，根本分不清正反面。"他们还告诉蜂谷道彦，这场灾难是由一种特殊炸弹造成的。

蜂谷道彦很困惑，一枚炸弹怎么会有如此巨大的威力呢？难道这枚炸弹含有某种细菌或毒气？到了 8 月 7 日晚上，医院的情况更加糟糕，病人和伤员不断增加，死亡人数也越来越多，寻找亲属的人在医院川流不息，到处都是喊名字的声音。

夜深了，蜂谷道彦久久难以入睡。他的妻子躺在旁边另一张床上，伤得不是很重。但是，许多病人由于伤痛不停地发出呻吟和哀号，令人毛骨悚然。这里没有外界的消息，蜂谷道彦以为美国真的要在日本登陆了，不久，激战就会发生。正在胡思乱想时，一名病人向他的房间摸来，透过月光，蜂谷道彦看见他的面部受到了严重的烧伤，眼睛已经失明了。作为医生，他第一次感到很害怕，大声喊道："你走错房间了。"话一出口，他又有些后悔。他再也睡不着了，脑海中反复出现一个问题，广岛到底怎么了？

随后的两天，蜂谷道彦病情明显好转，食欲还不错，所有的医生都为他感到高兴。但其他病人的情况不断恶化，有些人的症状出现了牙龈酸疼，长淤斑，身上出现了一些紫色的小斑点。蜂谷道彦感到这些现象很奇怪，斑点说明皮下出血，但他们并没有碰伤。他在日记中写道："这是一种不知名的损伤，可能是由爆炸的巨大威力和高温所引起的大气压的遽变而造成的。"

伤员仍不断地涌进医院，外面，许多建筑物仍在燃烧着熊熊大火，空中弥漫着焚烧尸体的气味。蜂谷道彦在日记中写道："那些燃烧的废墟和焚烧的死尸使我想到了庞贝，它在埋葬前就是这个样子吧。但是，庞贝的死亡人数一定没有广岛多。"

直到爆炸后一个星期，蜂谷道彦才知道罪魁祸首原来是一种叫做原子弹的武器。他的一个老朋友，驻守在冈山的海军上校看望他时，说："你能活下来，真是个奇迹，原子弹爆炸真是太可怕了。"以前，蜂谷道彦曾听到一些原子弹的传说，据说 10 克氢就能把一座岛屿炸飞。但蜂谷道彦没想到原子弹具有很强的核辐射。他观察了很多病人，有些病人病势很重，但不久却康复得很好，而有些人，开始症状比较轻微，但在两天后就死了。另外，便血和痢疾的症状不断减少，看来炸弹内没有含有传染性痢疾病毒。他在日记中写道："我越想越乱，真不知道该如何对付这种炸弹。"

东京当局很快就意识到，8 月 6 日，广岛发生了一件灾难性的事件，但没人能确定这个事件的性质。早上 8 点 16 分刚过，日本广播协会的一名调控员发现，连接广岛广播电台的电话线路中断。几分钟后，东京铁路信号中心发往广岛的电报也被切断。不久，驻大阪的军事通信中央指挥部发现，与广岛的一切军事通讯全部失灵。东京政府开始怀疑广岛变成了一座死城，但 11 时 20 分，那个骑着自行车冲进广岛的同盟社记者通过一条地区电话线报告了目睹的情况。8 月 7 日凌晨 1 时，美国总统杜鲁门发布一条声明，声称在广岛投放了一颗原子弹。同盟社无线监听站连忙把消息上报，陆军部决定派全日本最权威的核专家仁科前往广岛，调查此事的真相。

日本首相铃木得知原子弹的消息后，一开始怎么也不相信一枚炸弹竟然有这么大的威力。接到仁科的报告后，他十分震惊。为了避免人心动荡，国民战争意志衰退，日本政府向人民封锁了原子弹袭击的消息。

华盛顿时间比日本晚 14 个小时，格罗夫斯将军预计在 8 月 5 日下午 1 时听到"安诺拉·盖伊"飞机起飞的报告。他一大早就来到办公室，处理完当天的事务，就焦急地等待着消息。1 点过去了，没有消息传来。

下午 3 时左右，格罗夫斯决定去做点事，来减轻这种焦虑的心情。他告诉值班军官，说要去网球场，有消息随时通知。又让另一个军官带着电话机来到网球场，每 15 分钟和总部通一次电话。5 点，格罗夫斯回到办公室，值班军官告诉他马歇尔将军打来电话，询问任务执行情况，并关照说："不要打扰格罗夫斯，他考虑的事情太多了，希望能早点得到消息。"6 时，在夫人和女儿的陪伴下，格罗夫斯来到海军俱乐部与史汀生的助手乔治·哈里森共进晚餐。他对哈里森说："前方还没有消息。"6 时 45 分，有人叫格罗夫斯接电话，在哈里森等人的关注下，格罗夫斯拿起话筒。值班军官告诉他，"安诺拉·盖伊"飞机已按计划起飞，但没有进一步的消息。按照计划，这个时候空袭结果早就应该报告了。

格罗夫斯又回到办公室继续等待，外面房间里挤满了参谋人员，每个人都很紧张。格罗夫斯松了松领带，想营造一种轻松的气氛，但这些行动没产生任何效果。晚上 11 时 15 分，参谋总部又打来电话，代马歇尔将军询问情况。格罗夫斯心里开始有些沮丧，看来这次行动要以失败告终了。

11 时 30 分，帕森斯上校发来电报，格罗夫斯亲自把这条电报译出，结果是"结果明确，全面成功"。顿时，胜利的呼声响彻了整个办公室。马歇尔将军立即接到了通知，他只说了一句话："非常感谢你们打来电话。"格罗夫斯这样放下心来，在办公室的一张帆布床上，他很快安然入睡。

第二天凌晨 4 时 30 分，格罗夫斯收到了发自提尼安的一份长长的电报，他和助手们一边喝着咖啡，一边欣赏这份捷报。电报说原子弹爆炸后，向空中翻滚的紫色云雾和火焰像个大蘑菇，至少有 12,000 米高，和在新墨西哥州进行的试验相比，规模也是巨大而令人生畏的。电报没有讲到广岛的伤亡情况。

快 7 时的时候，马歇尔将军来到格罗夫斯的办公室。不久，空军参谋长阿诺德将军和乔治·哈里森也来了。格罗夫斯身穿整洁的军装，胡须刚刚修过，显得十分精神。他们开始轻松地讨论另一个问题，如何发布原子弹爆炸的新闻才能让日本感到恐怖，促使他们早日投降。他们一致认为，不该给日本喘息的机会。格罗夫斯应立即拟定了一份声明，由总统向外宣布。

7时45分，马歇尔将军和史汀生通了电话，史汀生同意打破封锁5年的原子弹消息，并建议总统对格罗夫斯致以最热烈的祝贺。当天上午，马歇尔邀请格罗夫斯到战争部长办公室里办公。坐在这个办公室里，格罗夫斯感到无尚荣耀，参谋们不断向他请示总统声明的措辞。对于这颗原子弹对日本人造成的伤害，格罗夫斯一点也不感到内疚不安，他心里想的只是复仇，而不是文明。他考虑最多的是在菲律宾作战美军的伤亡，而不是广岛的伤亡。然而，他也意识到，总统声明的措辞应当慎重。他听取了各种不同的建议，最后决定接受战争部长助理罗伯特·罗维特的劝告。罗维特提醒格罗夫斯，空军以前曾经多次声称炸毁了柏林，但每次只能证明上次所说的是个谎言。格罗夫斯最后拟定的总统声明稿没有谈到广岛地面的伤亡情况，这些他们都不了解。重点是描述原子弹本身的强大力量。声明开始就说："16小时前，一架美国飞机向日本重要的陆军基地广岛，投下了一颗炸弹。这个炸弹的威力超过2万吨TNT当量。"这个数字只是一个猜测，但没有人能提出证据来反驳这种猜测。

当天上午11时，白宫通知各报社，总统要发表一个重要公报。这个通知没有引起记者们的特别关注，公报太多了，许多貌似重要的公报并没太大意义，对此大家都已经习以为常。但是，当总统新闻秘书宣读公报之后，记者们这才觉察出这次新闻发布会的重要性，纷纷争抢放在门口的印好的公报，快速把这个消息通知报社。公报说：

16小时前，一架美国轰炸机在日本的重要军事基地广岛投掷了一颗炸弹。这颗炸弹的威力相当于2万吨TNT。日本卑鄙地偷袭了珍珠港，挑起了太平洋战争，现已遭到数倍的报复……为了将日本人民从毁灭中挽救出来，我们于7月26日在波茨坦向日本发出了最后的通牒，但是遭到日本政府的断然拒绝。如果日本政府继续顽固不化，拒绝投降，那么有史以来从未有过的毁灭性的原子激流，将从天而降如雨般落在日本人头上。

此时，杜鲁门总统刚参加完波茨坦会议乘船归国，正坐在奥古斯塔号后餐厅用餐。秘书送来一张电报，写着"成功向广岛投放巨型炸弹。"总统长吁一口气，抓住这位秘书的手说："这是有史以来最伟大的一天！"不久，一名军官送来了轰炸广岛的详细电文，并告诉总统，格罗夫斯已经在华盛顿发布了一项声明。

杜鲁门抑制不住内心的激动，用叉子敲打着面前的玻璃杯，示意大家听他讲话。他告诉大家，这颗巨型炸弹是颗原子弹。他兴奋地说："这是一次辉煌的胜利，我们胜了。" 又告诉大家："在所有的声明中，原子弹的声明最令他高兴。"

格罗夫斯往洛斯阿拉莫斯打电话，告诉奥本海默这个成功的消息。奥本海默听后松了一口气，他向秘书安妮·威

▲ 原子弹爆炸后，广岛幸存的孩子们戴着口罩行走在大街上。

尔逊口述了一份广播稿，宣布了这个成功的消息。威尔逊后来回忆说："听到这个消息，整个洛斯阿拉莫斯都沸腾起来，仿佛战争已经结束，我们取得了胜利。"等沸腾的气氛平静之后，奥本海默到在礼堂召开了一次会议。平时在这里召开会议，他来得很准时，而这次，他特意来得很迟，而且从礼堂后边昂首阔步进入会场，当他进入后，礼堂响起了一片欢呼声、跺脚声，还有震耳欲聋的掌声。他双手举过头顶向大家致意，和大家共同庆祝这个来之不易的胜利。

当天夜里，又举行了庆祝舞会，但突然出现了一种很冷淡的气氛。许多人只是在闲聊，或是在沉默地喝酒。广岛破坏的情况已经传了过来，许多人渐渐变得有些不安。到了 9 时，舞会就匆匆结束了。

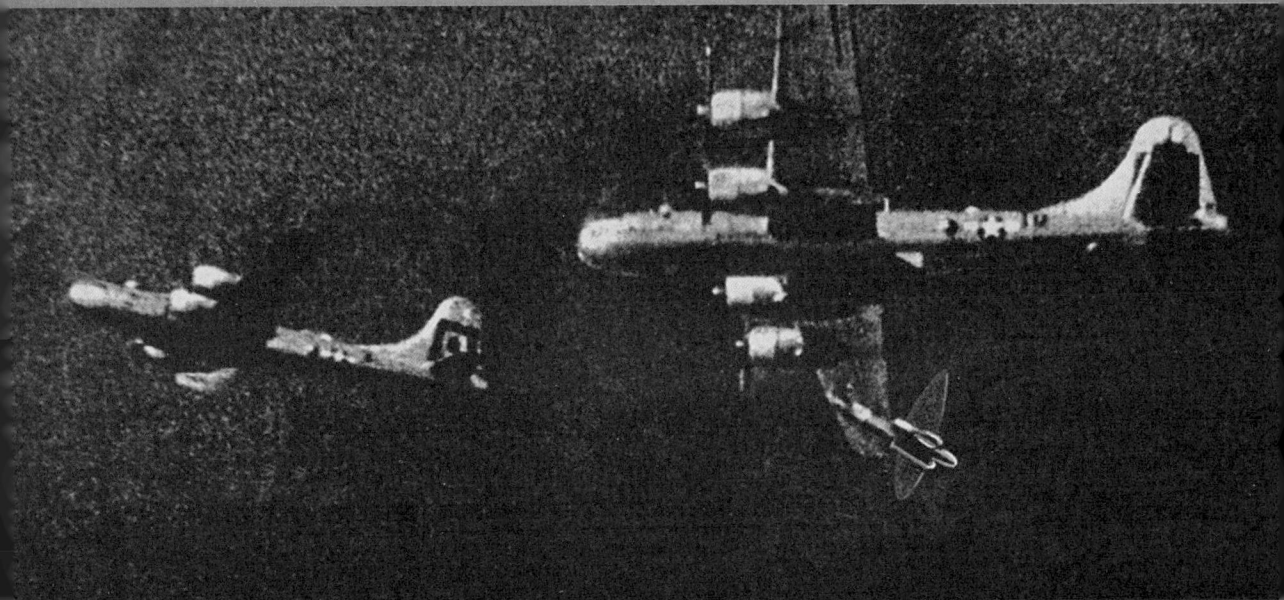

第六章

"胖子"施威长崎

把"胖子"装入弹舱的前夕，拉姆齐竟然发现有个地方的插头都是阴插头，他违反炸弹库中不准用电的操作规定，直接用电烙铁把电路重新焊接，如此草率的做法竟然没有挽回长崎的霉运。由于小山的保护，长崎的市中心没有化成一片废墟，但到过长崎的人都说，这个城市已经没有复兴的希望了。

No.1 躲不过的死神

在广岛投掷原子弹之后，美国马上发动一场对日本的宣传攻势。每隔 15 分钟，美军在塞班岛上的电台就向日本人广播一次，告诉他们投在广岛的原子弹的巨大威力，约等于 2,000 架重型轰炸机携带的爆炸力。电台呼吁日本人民敦促天皇结束战争。另外，美军还印刷了大量传单，向日本 47 个人口超过 10 万人的城市散发。传单写道：

美国要求你们立即注意这份传单上所说的话。

美国已掌握人类从未有过的破坏力最大的爆炸物——原子弹。这种新型武器的爆炸力等于 2000 架 B－29 轰炸机所携带的全部炸弹的爆炸力。希望你们好好地思考一下这个可怕的事实。

我们在你们本土使用这种炸弹才刚刚开始。如果你们还有什么怀疑，请你们了解一下广岛挨炸后的情况。

在使用这种新型爆炸物摧毁你们的全部战争资源之前，我们要求你们现在就向天皇请愿，结束战争。现在就要停止抵抗。否则，我们将坚持使用这种武器。

赶快从你们的城市中疏散开！

格罗夫斯非常关注日本人的报道，但他听到的情况却有点出乎意料。那些东京的播音小姐语气依然乐观，只是轻描淡写地说："有 3 架飞机对广岛进行了常规性空袭。"并说："东京开往广岛的列车暂停运行。"除此之外，没有任何关于广岛的详细报道。看来至少在表面上，日本军事当局并没有被原子弹所吓倒。

不过格罗夫斯的疑虑很快被另一件事冲淡了。在离剑桥不远的一个英国乡村庄园里，拘禁着德国一些研究原子弹的专家，包括第一位成功将原子分裂的奥托·哈恩。8 月 6 日晚上，有人将广岛大爆炸的消息告诉了哈恩。哈恩原来不相信这件事，但这是来自美国官方的消息，所以他感到十分震惊，并感到有些沮丧。他觉得任何武器不该把妇女和儿童杀死，所以他心情极不好。下楼后，他把这一消息告诉给了其他人，包括海森堡。

哈恩说："如果美国人已经爆炸了含铀炸弹，我们实在是太无能了。"海森堡听到这个消息后，惊讶地问："他们提到这颗炸弹时，使用'铀'这个字眼了吗？"海森堡松了一口气说："既然如此，那颗炸弹便和原子无关。"

一连几个小时，这些科学家就这颗原子弹的真假和原子弹的道德问题反复争论着。一些人相信这件消息是真的，但更多人认为，美国不可能解决了那些曾经难倒过他们的许许多多技术性问题。最后哈恩说："我想海森堡的猜测是对的，美国人没有什么原子弹，他们只是讹诈。"

　　格罗夫斯一直命人秘密监听这些人的言谈举止，并即时向华盛顿汇报，当他读到这些监听报告时，不由得暗暗好笑。尤其是哈恩对美国保守原子弹秘密方面的赞语，令他感到很得意，哈恩说："如果他们真的造出了原子弹，那么他们在保密方面真的做得太出色了。"还有一句话是海森堡说的："我感到十分羞愧，我们这些研制原子弹的教授们，竟然连美国人是何以制成原子弹的都不知道。"格罗夫斯也感到很高兴，他觉得这是海森堡对奥本海默等科学家最高度的评价。

　　就日本政府而言，表面上风平浪静，其实，内阁成员对是否接受《波茨坦公告》一直在争论不休。首相铃木和外相东乡都主张停战，但陆相阿南和军部坚决反对。就在日本内阁一次次开会就是否停战的问题进行争论的时候，格罗夫斯决定趁日本人惊魂未定，紧接着进行第二次原子弹轰炸。格罗夫斯担心广岛原子弹爆炸会激起日本人的抵抗意志，同时又担心广岛这次轰炸会被看作是黔驴技穷，于是决定尽快使用"胖子"。目标定为小仓。

　　8月7日，杜鲁门向斯帕兹发出第二道命令："除非有特别指示，否则按原计划进行。"

　　第二颗原子弹是内爆式的钚弹，绰号叫"胖子"。最初的投掷时间计划是8月20日，后来又改为8月11日。广岛投弹成功后，格罗夫斯又催促将时间定在8月10日，他觉这样可以使日本没有时间想出对策。但根据预报，9日将是好天气，而9日以后的5天，都是坏天气，不利于投弹，这就使得情况显得更加紧迫。

　　作为工程技术人员，诺曼·拉姆齐认为9日投弹十分不合适，两天时间，很多检查程序都无法进行。但命令就是命令，他们不得不执行。于是，在炎热的夏季，拉姆齐不得不闷在炸弹库中，高速度地安装"胖子"。为了放松心情，他继续收听东京那些温柔的女播

音员的广播。当报道涉及广岛所蒙受的放射性伤残和死亡情况时，他感到有些不理解。广播说，这颗炸弹是爆炸型，而非辐射型，许多人死于砸伤，这些报道使拉姆齐感到都是一些宣传骗局。但是，对另一些事情他又非常担心，据说要结束战争需要投放大约 50 颗原子弹，组装这些原子弹可不像建个房子那么简单，他希望奥本海默能改进这些炸弹的设计，能够确保全体工作人员的安全。

"胖子"结构复杂，在空中无法安装，拉姆齐就待在炸弹库中夜以继日地干着。到了 8 月 7 日，胖子的内脏部分已经组装完毕，第二天，开始组装外面部分，之后把它装到钢壳里，这时候它基本上可以上飞机了。这时候已经是深夜，组装人员都疲惫不堪，大家都准备休息了。这时，拉姆齐做了最后的检查，他突然发现在内爆球前面的点火原件和尾部的雷达原件之间，连接的地方好像不太好，似乎有什么问题。认真一看，真的，这两个地方的插头都是阴插头，根本无法连接。拉姆齐吓出了一身冷汗，顿时困意全消。他一遍又一遍地检查电路，把所有的电线连接点又重新连接，至少检查了 3 遍。终于他发现了问题的根源，有一处线路焊接失误，要纠正这个错误就必须把焊点重新焊接。这个时候再拆开重装可不是一件容易的事，需要全组人员都行动起来，再干上两天才能做完。拉姆齐决定冒险，不采用常规的办法，尽管条例规定不允许在组装室里存在任何能够发生热量的东西，拉姆齐还是叫来了技术员。他们从电子实验室接来一个电源插座，找来电烙铁，然后烧开电线，把插头再焊在电线的另一头。做这些事时，拉姆齐非常小心，尽量不让电烙铁碰到那个可怕的胖子。就这样，一直到第二天夜里 22 时，胖子才完整地躺在 B－29 的弹舱里。

在拉姆齐看来，如此草率地组装一颗原子弹实在不是一种科学负责的态度，特别是在

提尼安基地这样的条件，飞机起飞时发生坠毁十分频繁，这架载着原子弹的飞机严重超重，出事故更是很难避免。基地司令也听说原子弹的危险性，他强烈要求拉姆齐和帕森斯签署一份声明书，保证原子弹起飞时的安全。两人都在声明书上签了字，但都感到没有把握。拉姆齐觉得根本不用担心事后被追究责任，如果发生事故，他们也会被炸上天，完全不用做任何解释，让那些官员追究鬼的责任去吧。

第 2 次空投任务落到了第 509 混合大队斯威尼机组身上。斯威尼曾率领他的机组驾驶"艺术大师"号观测飞机在广岛轰炸中担任轰炸效果观测任务。由于这次"艺术大师"号上仍保留着科学仪表，将再次当作观察机使用。斯威尼只好用另 1 架 B－29 轰炸机"鲍克斯卡"作为原子弹载机。斯威尼一次次地祷告，希望自己和保罗·蒂贝茨一样幸运。

8 月 9 日凌晨 3 时 47 分，装着胖子的"鲍克斯卡"号 B－29 轰炸机起飞了，同行的还有两架观察机。这架飞机的驾驶员是查理士·斯威尼少校，轰炸员是克米特·比汉上尉，军械师是阿希沃思海军中校，电子测试员是菲利普·也恩斯中尉。这架飞机的推进器比普通飞机要长一些，有 4 个桨片。飞机前部像橘子，机身上印着"77"数字，据说这个数字很吉利。

起飞前，法雷尔将军得到消息，天气将会变得不好，但在格罗夫斯的催促下，他决定按原计划投弹。旁边一位海军军官在起飞前问查理士·斯威尼少校："小伙子，你知道这颗炸弹值多少钱吗？"斯威尼听说过一些原子弹的事情，他回答说："听说大约 2,500 万美元呢，这是真的吗？"那位海军军官显得有些婆婆妈妈："当然是真的，就看你的了，别把这些钱白白扔了。"

这次轰炸目标主要是小仓，其次是长崎。为了尽可能轰炸第一目标，规定不管天气预报如何，轰炸机必须尽量靠近第一目标飞行。如果肯定第一目标不能进行目视轰炸，再飞往第二目标。负责摄影的飞机不能提前到达现场，以免使日本产生警觉。因此，需要轰炸机在经过硫磺岛前，必须和硫磺岛、提尼安岛基地联系，核实情况。如果那时不能确立目标，摄影飞机就必须把两个目标都拍摄下来。

载着胖子原子弹的是"鲍克斯卡"号轰炸机，在起飞的时候，斯威尼发现了一个严重的问题：有一个燃料泵有毛病，不能把炸弹仓油箱中的 3,600 升汽油输到发动机里去，这意味着飞机可能会面临缺乏燃料的危险，而且还必须在往返途中带着这 3,600 升的汽油。但命令已经下达，时间如此紧迫，来不及调换飞机，更没时间抢修。斯威尼粗略估计了一下航程，认为燃料基本够用，决定继续飞行。最后，这个身价不菲的胖子就坐着这架有毛病的飞机起飞了。

为了节省汽油，这三架飞机不再经过硫磺岛，直接向日本飞去。直到这时候，斯威尼还不知道，在预定的轰炸目标中，哪个将是受难者。也许每个城市和每个人一样，都有自己的命运，有的好些，有的差些。这次小仓和长崎的命运取决于城市上空的风，如果风能吹来一片密云，这个城市就会幸运一些，反之，就会遭殃。

9 时 9 分，3 架飞机在九州以南的屋久岛上会合，按照计划，另外 2 架提前起飞的观测和照相飞机本应在那里等候与他汇合，可他只遇到了其中 1 架。斯威尼在那里等候了 30 分钟仍不见另外 1 架的踪影，于是载着原子弹的轰炸机和另一架观测机就向小仓飞去。到达小仓上空时，他们发现情况很不好。小仓上空布满了厚厚的云层，轰炸员比汉上尉瞪大眼睛也看不到下面的情况。斯威尼驾驶着飞机，反复在上面盘旋，希望能发现一个空隙，把飞机上那个昂贵的家伙扔出去，但他们用了 45 分钟，目标仍不能出现在视野中。

当斯威尼决定再一次进入小仓上空搜寻目标时，接到无线电报务员报告：从截获的日本截击航空兵使用的频率看，可能会有战斗机升空拦截。机上一阵慌乱。斯威尼来不及与基地联系便调转机头向西南方向飞去。他决定改为轰炸长崎。离开小仓后他命令向基地发报：小仓上空无法投弹，改炸长崎。看来，命运对小仓真是关照。

10 时 28 分，飞机抵达长崎上空。在轰炸员比汉上尉看来，日本真是太小了，两个地方的天气竟没有多大差别，这里的上空也堆积着厚厚的云层。飞机仍然在上空盘旋，一遍又一遍地寻找目标。油量越来越少了，再等待下去，飞机将不能返回基地了。斯威尼对阿希沃思说："咱们总不能把这个可恶的家伙带回老家吧？"两人一致同意启用雷达搜索目标，指挥投弹。

10 时 58 分，阿希沃思启动了雷达装置，正准备投弹时，轰炸员比汉高兴地大叫说："我看到了，我看到目标了。"前方那厚厚的云雾在这时裂开了一条缝，从缝中可以清晰地看到下面的长崎。这一切显得那么不可思议，好像死神挥动了那把镰刀拨开了云雾，于是，灭顶之灾降临了。

当时，长崎居民已经从报纸上得知广岛被毁的消息，但并没有引起多少人的重视。8

月 9 日 7 时 48 分，长崎曾经拉响了一次空袭警报，但很快就解除了。大部分人依旧忙着自己的事情，当这架轰炸机飞临上空时，由于厚厚的云层，日本人连空袭警报也未发出。

11 时 2 分，胖子脱离了弹舱，闪动着它那可怕的灰黑色身躯，从 8,500 米的高空中落了下来。一分钟后，"胖子"在距地约 500 米处爆炸了。它没有被投到原定的目标点，而是投在了该目标以北 2.4 公里的地方，落在了两家大的三菱兵工厂中间，把这两家生产军事物资的工厂炸得粉碎。那里是浦上河流域，四周都是崎岖不平的山谷，机上人员感到有明显的冲击波。胖子爆炸的瞬间，据助理机务员弗拉上士说："我先是看到一阵可怕的闪光，紧接着便涌起了球形的烟云。"座机中每个人都感受到了炸弹的震撼。斯威尼说："我们在约 13 公里外，看见震波像池塘激起的水纹一样向我们的飞机冲来，震波有两次重重地打击着我们的飞机，飞机颠簸得非常厉害。"

失去联系的观察机，在大约 160 公里之外看到了一条黑色的烟柱迅速上升，就赶快飞了过来进行观察。但长崎上空的云层太厚了，根本拍不到一张清晰的照片。直到一星期后，才能进行清晰的观察。

返航途中，由于与提尼安基地失去通信联系，加之飞机油料不足，斯威尼和博克决定飞到冲绳紧急着陆。当长崎蘑菇烟云以惊人的速度从 7,000 米升到 14,000 米高空时，斯威尼少校向提尼安发出报告，"袭击长崎，效果良好"。

然而，在两个半小时之前，没有按时抵达预定集合点的霍普金斯违犯无线电静默的规定，向提尼安发电询问："斯威尼已夭折了吗？"但这个电文在传输中被断章取义，传到提尼安时，却变成了"斯威尼夭折了"。这种不可宽恕的断章取义使驻提尼安的美军司令部乱成了一锅粥。法雷尔准将和他的参谋部认为前方已放弃这次突袭任务，但不知道究竟发生了什么事，飞机是否正在返航？是已将原子弹丢在海里，还是带回了提尼安？直到法雷尔准将收到斯威尼少校的袭击报告，才从两个半小时的焦虑中解脱出来。

在斯威尼飞离长崎时，距冲绳约 560 公里，但机上用油只剩下 1,600 升，至多能抵达离冲绳 80～120 公里的海域上空。看来，他们在归途中要变成海上落汤鸡了。更糟糕的是，提尼安基地方面接到霍普金斯的那份错译的电文后，把海空救援行动取消了。斯威尼呼叫海空救援，毫无反应。面对更加严峻的形势，他只好向提尼安补发了一份较为详细的密电："目视轰炸长崎，未遭反击，技术发挥成功，目测效应与在广岛相差无几，正向冲绳返航，油料成问题。"为节约用油，他们降低飞行高度，收油门，把螺旋桨的转速从每分钟 2,000 转降到分钟 1,600 转。这样一来飞机每小时耗油量为 1,360 升，直飞 75 分钟，勉强可飞抵冲绳机场。

离冲绳还有 15 分钟航程时，斯威尼开始呼叫冲绳机场 4 号塔台："4 号塔台，4 号塔台，我是酒窝 77……4 号，4 号，我是酒窝 77，MAYDAY（国际无线电遇险呼救语）！MAYDAY！"连连呼叫，对方毫无反应。

无奈，斯威尼又用无线电与附近的家岛联系，好不容易接通了，家岛塔台与冲绳塔台之间又没有直接通信联络。因为所用的无线电频率不同，家岛塔台无法及时呼叫 4 号塔台。

此时，斯威尼突然发现了前面的冲绳，再定神一瞧，机场上的车辆络绎不绝。而就在这关键时刻，他右边发动机熄火了。情况万分危急，斯威尼下令发射信号弹，红、绿两色信号弹在机身周围爆炸，可是大白天信号弹根本引不起地面人员的注意。斯威尼反复大声呼叫 4 号塔台，可是所听到的却是塔台跟其他飞机的通话。如果机场上不清除上下穿梭的飞机，他强行降落不是撞毁正起飞的飞机，就是被进场的飞机撞毁。斯威尼回头向机组人员叫嚷："发射所有该死的信号弹！快！"一瞬间，飞机上空炸开了五光十色的火花。

在这生死存亡的最后关头，斯威尼终于发现机场飞机正在火速疏散，消防车和救护车飞速开向跑道。"博克斯卡"号战机像一列失控货车，以每小时 225 公里的速度直插跑道，从跑道上颠起七八米高，又猛烈地回落到地上。当起落架再次触地时，它左外侧的发动机也熄火了。这架 65 吨重的飞机疯狂地向停在跑道边缘的一排飞机冲去。斯威尼紧紧抓住驾驶盘，用尽平生之力压住应急制动器，使飞机在跑道上减速滑行，最终将它钉死在离跑道顶端不远的地方。机舱里死一般地沉静，机上的人员全都瘫倒在椅子里。

远处警报器的尖啸打破了寂静，几秒钟后，一辆辆救护车飞驰而来。斯威尼刚打开前舱门，一个脑袋探进来问："死者和伤员在哪儿？"他幽默地指着北方的长崎回答："在那儿，背后。"在冲绳补充油料后，"鲍克斯卡"经过了 20 个小时飞行，很晚才返回提尼安岛。

No.2 无限膨胀的巨兽

威廉·劳伦斯是美国《纽约时报》的记者，他起草了美国总统在原子弹轰炸后发布的新闻公报，也是唯一被特别挑选出来报道"曼哈顿工程"的新闻记者。在轰炸长崎的行动中，他有幸又被选为现场报道的记者，从而目睹了整个原子弹轰炸长崎的过程。他对这次行动做了详细报道：

他们正准备向日本本土飞去，即将对它进行轰炸。这个轰炸机群由 3 架特制的 B－29 轰炸机组成，这种轰炸机又被称为"空中堡垒"，这 3 架飞机有 2 架不携带炸弹，担任观察任务。这是 3 天中投掷的第 2 枚。这种炸弹相当于 2 万吨 TNT，爆炸力十分惊人，是名副其实的超级炸弹。当它爆炸时，看起来像个小型彗星。

他们选定了几个目标，有小仓和长崎，长崎是一个大型工业和海运中心。

两年以来，威廉目睹了这颗"人造彗星"的组装工作。就在昨天晚上，乌云密布，电闪雷鸣，是一个十分恶劣的天气。原子弹被小心翼翼地装上了一架空中堡垒，周围都是科学家，还有海军和陆军的代表，而威廉是唯一有幸在现场观察的记者。

今天，这颗原子弹就要投向日本了，它和三天前那一枚一样，也具有强大的威力。这枚炸弹最关键的部分是炸弹里的核物质，在把核物质装进炸弹之前，威廉对它进行了仔细的观察。炸弹本身并无太大危险，只有把核物质装进炸弹后，在特定的条件下，它的能量才能释放出来。这种核物质所释放的能量是十分惊人的，只要释放出一小部分，就会造成规模最大的爆炸。

子夜时，爆炸任务下达了。威廉发现，为了完成这次爆炸任务，事先进行了大量准备工作。轰炸过程中的每一个细节都被精心设计，每一个目标都在地图上详细标明。多次进行的空中侦察确保他们完成任务。随后，他们到食堂里吃饭，这是一个传统，凌晨登机前都要加餐。

吃完饭，一辆汽车把他们带到供应库，领取执行任务所需的装备，这些装备包括降落伞、氧气面罩、增压服、救生艇和急救药品等。这时离预定的起飞时间还有 3 个多小时，他们都来到机场上，有的站在空地上，有的坐在吉普车里，故作悠闲地谈着这次轰炸任务。

凌晨大约 3 时 50 分，机群起飞了。他们直接朝着日本飞去。夜空中黑云密布，但透过云间的空隙，偶尔能看到闪闪发光的星星。根据天气预报，在飞往日本的途中，可能会遇到暴风雨，但是，在执行任务的时候，暴风雨就会停止，那时会有一个好天气等着他们。

飞了大约一小时之后，暴风雨真的来了。周围一片黑暗，他们的飞机一会儿上升，一会儿下降，幅度不像客机那么大，所以也不是觉得很颠簸，感觉就像是坐着轮船在海洋中航行。黑夜终于过去了，暴风雨也过去了。驾驶员把飞机拉平，向日本方向飞去。机上的仪表显示飞行高度是 5,200 米，飞机外的温度是零下 33 摄氏度。但飞机的座舱是密封的，一点也不觉得冷，就像有空调设备的房间一样，舒服极了。机舱内的气压也比较正常，没有感到任何不适。尽管如此，波克机长仍一再提醒他们把氧气面罩拿在手里，万一出现紧急情况时马上可以使用。

曙光渐渐出现了，5 时 50 分，天就大亮了。这时，威廉发现长机不见了。领航员戈德弗雷中尉告诉他说，这是事先安排好的。9 时 10 分，机群将在本州东南方向的屋久岛上空集合。他们的飞机在那里等待长机来到。轰炸员里维中尉走过来，邀请威廉到飞机头部透

明舱里，坐在他的旁边，威廉觉得很高兴。

在他们前方，威廉看到气象飞机正在测定风向。投弹前半小时，他们将根据风向等天气因素决定轰炸哪个城市。波克机长提醒威廉说，飞机现在正在爬高，要到达最佳适合投弹的高度。

9 时整，他们到达了投弹高度。9 时 20 分，他们到达屋久岛上空。在威廉乘坐的飞机正前方，他看见了携带原子弹的"鲍克斯卡"号。这时，戈德弗雷中尉和古里上士都系上了降落伞，威廉也像他们一样把降落伞系好。

这时飞机开始盘旋，威廉看见海岸上有许多小城镇，可能是轰炸太频繁了，他们没有受到任何阻击。但第三架飞机一直没有飞来。于是他们决定不再等待，直接向目标飞去。9 时 56 分，他们朝海岸线飞去，气象机发来了密码电报，由古里中尉翻译，电报说首要目标和次要目标的可见性均不太好。最后他们飞向了长崎。

在长崎上空，他们又盘旋了一阵子，后来终于发现云层中有个裂隙。这时是 11 时 01 分。随后，事先规定的无线电信号响了起来，大家都戴上电焊工用的护目镜，紧张地注视着担任轰炸任务的长机。在半英里外，从"鲍克斯卡"号的肚子里掉出来一个黑家伙。波克机长立即掉转机头，飞出了原子弹爆炸的有效杀伤范围。这时，他们背对着原子弹，整个座舱里充满了阳光。突然，他们感到有一股异常强烈的光芒穿过护目镜，刺得眼睛生疼，整个座舱都被这股强光淹没了。

▲ 在长崎上空腾起的蘑菇云。

第一次闪光之后，他们摘下了护目镜。在他们四周，充满了四射的光焰。这是一种蓝中带绿的光，把整个天空都给照亮了。一股强大冲击波向他们的座机扑过来，他们觉得飞机从头到尾都在颤动。紧接着，又发生了4次爆炸。每次爆炸都很强烈，好像有炮火从四面八方向他们的飞机射击，声音也非常大，耳朵都有些疼痛。

坐在尾舱的观察手看到，在原子弹爆炸时，从地下好像升起了一个大火球。这个火球一面上升，一面冒着浓浓的黑烟，黑烟一圈一圈地向外扩散。紧接着，又有一个紫色的火柱从中间升起，快速地上升，高达300米。当他们的飞机掉转机头，又向爆炸方向飞去时，这个紫色的火柱已经快和飞机一样高了。这时，原子弹投下去才40多秒。

眼前的情景真令人恐惧：那个火柱像一颗彗星一样飞了过来，和那些从外层空间飞来的彗星相比，它唯一不同的是从地下飞出的。它快速地穿过白色的云层，继续飞向高空。它越飞越显得变幻莫测。它好像不再是烟尘，也不再是烟与火，而仿佛是一种有生命的东西，成为宇宙间一种新的生物，这个新生物就在他们的眼前不停地展示它的魅力。

在极短的时间内，也许只是一刹那，它又变成了一个巨型柱状的东西。它的下部有5公里长，越往上越细，到顶部只有1.6公里长。它的底部是棕色的，中间是黄棕色的，顶端是白色的。在这个柱子上，似乎雕着很多可怕的图像，一个个都显得面目狰狞，对着大地露出诡异的笑容。突然，这个烟柱停止了上升的趋势，它好像突然停了下来，在它的上端出现了一团蘑菇云。整个烟柱高达1,400米。蘑菇云比这个烟柱更加活跃，里面的烟雾翻滚，火光冲天，不断有浓白色的泡沫冒出来，随着一阵阵"嘶嘶"的声音，它一会儿向下扑去，一会儿又升向高空。它像野兽一样，愤怒地吼叫着，挣扎着。仅仅几秒钟，它就摆脱了烟柱的束缚，迅猛地向上飞去，一直飞到 2 万米的同温层高度。

在第一个蘑菇云升上去之后，又一个较小的蘑菇云从烟柱中冒了出来，好像传说中的怪物，头被砍去后，又长出了一个。升上蓝天的第一个蘑菇云很快又变成了一朵花的样子，它的巨大花瓣呈现出玫瑰色，外面是奶油色，边缘向下弯曲。

飞机渐渐远去了，当威廉他们在 300 公里外最后一次观察它时，它仍保持着这个样子。远远看去，这个五颜六色的烟柱仍在翻腾咆哮，它真像一座大山，上面布满了彩虹。在彩虹中，又有很多生命附在上面。整个烟柱一直穿过白云，像一头巨大的野兽，挺立在天地之间，不停地变大，变大。

No.3 惨绝人寰的灾难

长崎市位于中岛川和浦上川流域，以及这两条河入海口附近的长崎湾地区。海拔 200 米的丘陵地带把城市分成中岛川地区和浦上川地区。商业中心在中岛川地区，县政厅、市政厅和其他政府机构也集中在这里。浦上川地区位于南北走向的两条丘陵之间的开阔地带，从长崎湾西岸开始，向北断续排列有一大批工厂群，以及许多住宅和学校，也属于较发达的市区。原子弹爆炸点大致在浦上川地区中央上空约 500 米高处。原子弹爆炸时，光辐射和冲击波的直接破坏主要在浦上川地区。位于市中心区的中岛川地区受到丘陵的良好保护，所以受到的破坏程度较轻一些。

▲ 在原子弹爆炸中被损坏的天主教堂。

　　和投向广岛的"小男孩"相比，"胖子"这颗原子弹的威力更大。在爆炸中心 2.5 公里范围内，建筑物基本上完全被破坏。长崎从 1944 年开始，逐步建立了比较完善的防空体系。1944 年 9 月设立长崎防卫部，1945 年 2 月组建长崎县总动员警备协议会。救护体系以市医师协会为中心组建。救护部下设 22 个救护所，如新兴善国民学校、胜山国民学校、伊良林国民学校、日本红十字会长崎分会、磨屋国民学校和稻佐国民学校等，计划将 327 名主要救护人员分散在各所担任骨干。并以长崎医科大学和三菱医院作为救护中心。

　　尽管长崎有如此完备的防御和救护能力，但由于原子弹的威力太大，长崎仍遭受了重大损失和伤亡。在离爆炸中心相当远的几处地方，爆炸后 1 个半小时开始起火，并发生大火灾。长崎车站、县政厅、市公会堂等许多地方先后起火，大火很快又蔓延到附近的居民住宅，造成了重大伤亡。巨大的突然袭击，使防卫部基本丧失了指挥能力，很难掌握全局情况。县警备队、特别救护队、旧市区警察署、消防署和警防团等，面对巨大灾害，虽尽了最大努力，仍难以应付这种突发事件。长崎医科大学及其附属医院虽然是医疗救护中心，但由于受到巨大破坏，医生和护士伤亡惨重，无法发挥预定的功能。因此，长崎的医疗救护体系被彻底摧垮。

　　在距爆炸中心半径 400 米范围内，除躲在防空洞内的极少数人幸免外，其余的人及牲畜都当即死亡，最坚固的建筑物也变成了一片废墟。在中心点东南方 700 米的长崎医科大学主楼和基础医学教学楼受到破坏并被烧毁，全校的教职员工有的当即炸死，有的几天后

▲ 长崎一座教堂门两边的圣母和圣父像见证了这场惨绝人寰的大灾难。

相继死去，侥幸活下来的甚少。本科和专科的一、二年级学生共 580 名，正在听课时遭轰炸，当场炸死 414 名。带一层地下室的附属医院钢筋混凝土 3 层大楼，只剩下外部框架，内部设施全被破坏，并燃起大火，人员伤亡惨重。稍能挣扎的人，勉强爬上穴弘法的小丘，痛苦难忍地呼叫着朋友，要水喝，在此苦熬的约 300 人，次日早晨有一大半变成了僵尸。

浦上第一医院位于距爆炸中心 1.4 公里的本原小丘上，原子弹的冲击波毁坏了医院内部，并引起火灾，医疗器材和药品大半被烧毁。3 天后，幸存人员清理了废墟，开始收治伤员。

在输送大批伤员和被爆者逃离市区时，"救护列车"起了重要作用。8 月 9 日下午到午夜，就发出了 4 列火车。道尾至浦上之间的各站，如谏早、大村、川棚、早岐等都挤满了逃难者，列车每次运送人员 3,500 名。许多伤员逃离长崎之后，长崎附近地方和军队的各家医院纷纷收治病人，挽回了不少人的生命。长崎大爆炸中，幸存者的回忆同样令人触目惊心。一位年轻的船舶设计师得知轰炸的消息，急忙赶回长崎，他在回忆录中写道：

我必须过河才能到达车站。当我来到河边，走下岸到水边去，我发现河里充满了死尸。我开始在尸体上爬过去。当我爬过约 1/3 的路程时，一具死尸开始在我的重压下沉下去了，我跌进河水里，把烧伤的皮肤弄湿了。我疼得厉害。由于尸体排成的桥梁从中间断了一截，我爬不过去，不得不回到岸上来。

一个三年级的男孩说：我感到渴得厉害，就走到河边去喝水。上游许许多多烧黑了的尸体漂流而下，我把他们推开并喝了水。河岸边也到处躺满了尸体。

一位美国海军军官在 9 月中旬访问了这个城市，他给妻子写了一封信，描述了这个城市被炸 1 个多月后的情况：这个地方弥漫着一种死亡和腐烂的气味，从通常的腐尸气味到难以捉摸的恶臭，带有强烈的分解氮化物气味。总的印象是一种死寂感。这种印象超越了我们身体感官所能体验到的一切印象。这是死的绝对本质，其含义是终结，不再有复活的希望。所有这一切并不限于一个地方。它遍及城市各处，什么东西都逃脱不了它的触摸。在多数被摧毁的城市里，你可以把死者埋葬，把废墟清除，把房屋重建，那就会再有一个生气勃勃的城市了。但是人们感到这里并非如此。正像《圣经》中所提到的所多玛和格莫（它们因为人民的道德败坏而被毁于天火），这个城市看起来已经没有复兴的希望了。

和广岛一样，长崎被毁的不仅是男人、女人和数以千计的儿童，还有饭店、旅馆、洗衣房、剧团、体育俱乐部、缝纫俱乐部、男童俱乐部、女童俱乐部、爱情、树木和花草、花园、城门、墓地、庙宇和神龛、传家宝、同学、书籍、法庭、衣服、宠物、食品和市场、各种日用品和艺术品。整个社会从根基上变成了一片废墟，凡是到过长崎的人都会惊讶于原子弹这种武器的巨大威力，它能把一切东西都化为乌有。

第七章

苏联参战

　　昔日的帝国在原子弹面前，像个巨大的肥皂泡，轻轻一戳，一下子崩塌了。仁科建议，预防原子弹只要把入侵日本的飞机全部打下来就可以了，军部做不到。他们只有希望苏联能调停这场战争，但没料到苏联却果断出兵。于是日本政府只能发出抗议，说美国违反战时国际法，说苏联违反了和约。它忘记了，在和另一个国家的战争中，它已经树立了野兽的形象。面对这个比野兽更凶残的国家，谁又会讲人道呢？

No.1 可笑的"皇军的荣耀"

在轰炸长崎的第二天，杜鲁门总统再次发出警告，如果日本不投降，将有更多的原子弹被投下。与此同时，日本政府通过瑞士政府就美军使用新式炸弹轰炸违反战时国际法，向美国政府提出强烈抗议。抗议说："使用这种以往任何武器和投掷物都无法比拟的，具有不加区分的破坏性和残忍性的炸弹，是对人类文化的犯罪。帝国政府在以自己和全人类及人类文明的名义谴责美国政府的同时，严正要求，必须立即停止使用这种非人道的武器。"

接着，日本新闻界开始全力批判原子弹爆炸罪行的活动。国际上一些爱好和平的人士也纷纷发表声明，反对使用这种武器。在罗马，教皇对日本平民所受的伤亡表示抗议。在芝加哥，西拉德要求芝加哥大学洛克菲勒纪念教堂的神父专门为广岛和长崎的死难者做一次祈祷。在华盛顿，全美基督教堂联邦协会给杜鲁门打来电话，反对进一步使用核武器。对此，杜鲁门解释说，对于原子弹的使用，他比任何人都感到不安，但日本人对珍珠港的袭击和肆无忌惮地杀害战俘的做法，更令人感到不安，日本的残酷和野蛮已达到了令人发指的地步。对日本，无法讲公理和正义，日本人所能听懂的语言就是美国现在进行的轰炸。既然面对的是野兽，就得使出对付野兽的办法。

在华盛顿，格罗夫斯仍指示下属的工厂加快生产钚和铀。在洛斯阿拉莫斯，奥本海默仍在不停地安装原子弹。长崎投弹后不久，他们仍往提尼安岛运送原子弹的有关设备。后来，他们决定暂缓运输，因为有消息说，日本正在考虑投降。格罗夫斯和马歇尔商定，等到8月13日之前，如果日本仍不表示投降，就恢复运输。奥本海默听到这个决定，非常高兴，他们正在给第3颗原子弹填充炸药，一接到通知，就马上中断了这项工作。8月13日，格罗夫斯却不知该不该恢复原子弹的运输，马歇尔和史汀生正忙着分析日本人的意图呢。

广岛爆炸发生后，日本参谋部连忙召来仁科等核专家商量对策，希望仁科能提出有效的预防措施。仁科能有什么办法呢？他只好说："你们把出现在日本上空的每一架飞机都击落下来就可以了。"

作为日本的总参谋部，只能把这项最有效的建议当成一种梦想。用什么来击落每一架出现在日本上空的飞机呢？在中国大陆，中国人民已经发起了总进攻，日本陆军只能龟缩在碉堡或据点中，朝不保夕。在太平洋战场，多数岛屿已经失守，麦克阿瑟正逼进日本本土。除了神风敢死队运用最无赖的战术能对敌人造成一些威胁外，昔日的帝国已经没有能力保持军事上的优势了。美军飞机进出日本是那么容易，简直就像在自己的后花园散步一样随便。此时此刻，不管是东京，还是其他城市，又有哪个城市不是被炸得千疮百孔呢？而对于飞临上空的飞机，谁又能肯定它没有装上一颗原子弹呢？如果装有原子弹，广岛和长崎的悲剧显然又要重演。

　　但为了维持所谓"皇军的荣耀"，总参谋部要求这些了解真相的科学家保持沉默，报纸也被禁止登载关于原子弹的消息。对此，那些关注民众命运的科学家忧心忡忡。一位参加"仁方案"的日本核物理专家痛苦地回忆说：

　　在那个时候，我们一直受着良心的责备。在我们周围的所有人当中，只有我们知道即使是单独一架飞机，即使它只装一颗炸弹，也会造成一场空前的大灾难。每当敌军的飞机飞来，我们的民众对此无动于衷时，我们真想对这些若无其事的人们呼喊："快跑到防空洞里去！这可能不是普通的飞机，它可能会投下特殊的炸弹！"但是，总参谋部要求我们甚至对自己的家属也要严守秘密。因此，我们只能沉默。但是，由于我们不能事先告诉我们的民众，我们的内心感到万分懊恼和羞愧。我感到是我们这些科学家背叛了他们。

　　日本总参谋部决定派出两个代表团来调查广岛事件的真相，一个由仁科博士率领，由核物理专家组成，另一个以军事人员为主。8月7日下午，两个代表团飞往广岛。但仁科代表团所乘坐的飞机在半途出现了故障，不得不返回修理。当晚，仁科坐在理科研究所的办公室里，心情十分沉重。他留下了一封信：

　　如果杜鲁门的声明是真的，我想，作为仁科工程的负责人，我应该剖腹自杀。自杀的时间等从广岛返回后再确定。的确，美国和英国的研究人员赢得了一次伟大胜利，他们走在了日本人的前面……他们的性格比我们要优秀。

　　第二天一大早，仁科就来到机场，但那架运输机还没修好。政府对这个代表团好像不太热心，直到下午，代表团的一名成员才说服驾驶员，用一架运送弹药的运输机把他们运往广岛。

　　仁科听说广岛已经停电，就携带一台盖革计数器。他对助手们说："不需要更多的仪器，从广岛的破坏情况和当地人的伤残情况就可以说明问题。辐射造成烧伤和其他烧伤不同，高温可能使铁轨熔化，伤员的白血球会显著下降。"下午，仁科代表团来到广岛上空，从飞机上仁科看到，这座昔日繁华的城市已经变成了烟雾弥漫的废墟，他的判断完全被证实了。当他们在吉岛机场降落后，受伤的士兵向他们描述了爆炸的瞬间情景，一切都毫无疑问，广岛受到了原子弹的攻击。当晚，代表团向东京陆军总部发出电报，汇报了调查团的结论。

　　尽管仁科对原子弹造成的恶果感到震惊，但他表面上显得十分沉静，也没有停止工作。他带领全组人员积极工作，在废墟进行各种测量和考察。在距离爆炸中心约200米的半径内，所有屋顶上的瓦全被烧融了0.1毫米，根据这一事实，他大致估算了当时的温度。由于原子弹发出的光线太强烈了，周围的一切都褪色了，而且所有的东西都被烧坏了，只在木板墙上留下了人体和各种东西的影子。通过这些影子，他们估算出炸弹在爆炸时的高度。他们还提取了爆炸中心的土样，以便在返回东京的试验室后测定它的放射强度。

以防卫厅第二署署长正藏有末为首的调查团主要由日本军官组成，他们比仁科代表团早一天到达，这些狂热的军国分子都希望这是一颗普通炸弹，以免动摇战争的决心。他们一下飞机，一位高级军官就来迎接他们。这个军官脸被烧伤了，看起来很厉害。但他指着伤处对正藏有末报告说："被烧坏的都是露到外面的东西，只要稍微遮盖点儿东西，就不会有事的。因此，对付这种炸弹不能说没有防御的办法。"

8月10日，日本的各种调查团集中起来，对这个灾难事件的整个过程进行分析。在座的大多数人确信美国人投下的真是原子弹，但仍有人不相信。一位海军学校的教练员说，美国人用的是另一种类型的炸弹，这种炸弹含有液态空气。仁科发言时，他首先叙述了日本在原子弹研究的发展情况，然后强调自己亲自参加过这项工作，并确认这就是原子弹造成的后果。

为了避免平民的伤亡，一些科学家不断呼吁日本政府放弃法西斯政策，选择和平的道路。在轰炸长崎前，阿尔瓦雷斯和莫里森等人写了一封信，敦促日本结束战争。信被抄写了3份，牢牢地系在3个测量仪表上，随同仪表被投到长崎。信是写给坂田教授的，战前坂田曾在伯克利辐射试验室工作，是日本著名的核物理专家。信的内容如下：

我们将这封信交给您，并恳请您利用您的威望使日本总参谋部认识到，如果战争仍将继续下去的话，会有多么可怕的后果降临到普通民众的头上。您很清楚，一旦掌握了这种技术，造出更多的原子弹并不困难。现在，我们已经建成了各种必需的工厂，生产了大量的原子弹材料。一旦这些工厂的产品在日本上空爆炸，会造成怎样的后果。仅仅在3个星期的时间内，我们就在美国沙漠上进行了一次原子弹试爆，在广岛投下了第二颗，今天，又将扔第三颗。

我们恳请您用这些事实向您的领导人说明利害，并尽力让那些领导人不要再继续破坏和杀伤人命。这场战争如果继续下去，唯一的结果就是日本各城市彻底毁灭。作为科学家，辉煌的科学发现被这样利用，我们都感到很遗憾。但我们可以告诉您，如果日本不投降的话，那么原子弹就会像雨点一样落下来，会越来越大。

长崎原子弹爆炸后，这封信有一封被拾到了，被交给日本海军侦察部，后来被转到坂田教授手中。

至于在促使日本投降中起没起作用，没有人知道。

▲ 斯大林和松岗签署《苏日中立条约》之后留念。

No.2 调停希望破灭

日本拒不投降，一个重要原因是希望苏联进行调停。裕仁天皇曾不断召见铃木首相，询问莫斯科方面为什么没有结果。东乡外相也一再给莫斯科的佐藤大使发电报说："此事延误一天可能造成千古遗恨，请速洽莫洛托夫。"对佐藤会见莫洛托夫的要求，苏联方面一再表示无法做出肯定的答复，一切要等苏联外交人民委员莫洛托夫才能做出决定。但莫洛托夫告诉日本驻苏大使佐藤说，因为日本仍在进行战争，拒绝接受《波茨坦公告》，所以日本请求苏联调解远东战争的建议没有希望。

日本人并不知道，不但指望苏联调停没有任何希望，而且在雅尔塔会议上，苏联已经答应，在德国投降及欧战结束两个月或3个月内，参加对日作战。苏联不但不会调停，还要在背后向日本猛刺一刀。

其实日本应该清楚，《苏日中立条约》是双方为了保护自己的利益而签订的。1941年4月，为了避免陷入德、日两线作战，苏联才决定和日本达成协议。而日本希望占领美丽富饶的南太平洋地区，加速南进的步伐，全力推行"大东亚战争"的新政策，也希望避免和苏联开战。就这样，1941年4月13日，莫洛托夫与日本外相松冈洋右在莫斯科签署了《苏日中立条约》，苏日双方各得其所：假若发生苏德战争，日本要保持中立；而假若日美爆发战争，苏联则保持中立，条约的有效期为5年。

条约是建立在双方共同利益的基础上，随着欧洲战争的结束，苏联已经没有两条战线的危险，它开始考虑向日本开战，以获得最大的利益了。在苏联看来，战争是政治的继续，为了需要，可以缔结条约；为了需要，也可以废除条约。希特勒已经给苏联一个深刻的教训，如今苏联要用它来对付日本了。

1943年11月，当斯大林出席德黑兰会议时，他就想废除这一条约了。斯大林向美国国务卿表示，苏联有意参加对日作战。参战的条件是归还整个库页岛，并得到千岛群岛，他还特别渴望得到一个不冻港。

1945年2月，苏、美、英三国首脑一起召开雅尔塔会议，斯大林已经下定决心对日作战。2月11日，三国首脑签署了秘密的雅尔塔协定，它规定："苏美英三大国领袖同意，在德国投降及欧洲战争结束后两个月或三个月内，苏联将参加同盟国方面对日本作战……"

协定签署后，苏军统帅部拟定了对日作战的计划。这个计划有三个作战方案：

一是直接进攻日本本土，因为那里是日本的政治、经济和军事的中心，一旦得手，能够一举摧毁日军的抵抗体系。但是，考虑到日军在本土配置了强大的陆军兵团和海军空军主力，苏军又缺乏大兵团登陆作战的经验，跨海作战必将造成巨大伤亡。因此，这个方案被放弃了。二是对驻在中国关内的日军实施主要突击，但考虑到日军兵力分散，很难达成歼灭战，于是，这种方案也被放弃。三是鉴于苏蒙对中国东北大部地区，从地理上形成了自然包围态势，可以从西、北、东三个方向实施突击，同时这里又驻有日本精锐部队关东军，一旦得手，日军将丧失陆军主力，再不能继续进行大规模的陆上战争，因此，把突击日本关东军作为最后一个方案。

1945年6月底，苏军最高统帅部综合考虑了各种情况，决定采取第三种方案，歼灭远东关东军。

关东军盘踞在中国东北地区，号称"皇军之花"，堪称日本陆军的主力和精锐部队。日本的军官和将军都把在关东军中服役看成是从军最大的荣誉，许多日本军政头目都曾在关东军担任过职务。比如日本首相东条英机在这里任过参谋长，最后一任参谋总长梅津美治郎大将也曾担任过几年关东军司令官。

1944年9月18日，日本大本营命令关东军作好对苏军进攻的准备。1945年1月，关东军拟定了一个纵深的防御计划，以长春为顶点，以图们江、大连一线为底边的一块大三角地区，确保这里不被苏联攻破。5月30日，日本大本营又对关东军下达了对苏作战计划要领。其主要精神是，以对本土决战有利为根本方针，不拘泥于中苏边境的防守，把中国东北和朝鲜作为一个整体，实行全面持久的防御作战体系。

当时，关东军号称有100万人，编有31个步兵师团，9个步兵旅团，2个坦克旅团，1个敢死队和2个航空军。司令是山田乙三大将，参谋长是秦彦三郎。装备有5,000门火炮及1,200辆坦克和1,900架飞机。

对于苏联的进攻，关东军主要凭借大兴安岭、穆棱河和牡丹江为天然屏障进行固守，不使苏军突入中央地带。把1/3的兵力和兵器放在边境地区，把主力集中在中国东北的腹心地带。日本希望利用边境有利地形消耗苏军，在苏军进攻疲惫的时候，寻机反攻，消灭苏军。日苏互不侵犯的条约有效期至 1946 年 4 月，日军判断，苏军要把作战重心从欧洲战场转移到远东战场，至少需要 3 个月时间。另外，苏军不会在雨季进攻，因为雨季道路泥泞，不利于机械化大部队的前进。所以，日军认为苏军如果发动进攻，最早也要在 1946 年 9 月中旬。

为了造成进攻的突然性，打日军一个措手不及，斯大林决定于 1945 年 8 月 9 日对关东军发起攻击。同日本偷袭珍珠港一样，没有预先通知。直到 8 月 8 日，日本还蒙在鼓里，仍按自己的计划收缩主力。1945 年 8 月 7 日，苏联人民外交委员会的一名官员给日本驻苏大使馆打来电话，告诉他明天下午 5 时，苏联外交人民委员莫洛托夫约见佐藤大使，有外交事务相告。语调平静而放松，和过去完全一样。佐藤比莫洛托夫更希望这次会晤，国内多次来电，催促和苏联谈判，希望由苏联出面调停。但莫洛托夫对日本提出的一系列外交要求，不但没有答复，而是一推再推，一拖再拖。这次会晤，佐藤心想也许是商讨这件事的。佐藤这样想着，心里感到很轻松。汽车在外交人民委员会大厦前停住了，佐藤走下车来。警卫很有礼貌地走过来，检查了他的证件。向他摆手示意可以进去了。

大厅里空空荡荡的看不到人，和平常一样安静。佐藤提着皮包朝莫洛托夫的办公室走去。办公室里没有别人，只有莫洛托夫坐在沙发上，显然是在等他。

看到佐藤时，莫洛托夫立刻从沙发上站了起来，向前走了两步。他的脸上没有笑容，表情极为严肃地说："佐藤大使，我代表苏联政府通知您，自 1945 年 8 月 9 日起，苏联对日本宣战。"

佐藤的脸上刚刚还挂着一丝职业性的微笑，一下子僵住了。他几乎是本能地说道："日本和苏联是有条约的，而且，这一条约的时间还没到期。"莫洛托夫并不回答他提出的问题，立刻将一份外交文件递到了他的面前，这是一份苏联对日参战宣言。

一个月前，波茨坦会议结束时，佐藤听说苏联将对日本宣战，当时就把这个传闻通知到国内，但是日本朝野仍有不少人抱有一种幻想，希望通过日本的外交努力，利用三大国之间的矛盾，使苏联改变进攻日本的计划。此时，面对参战宣言，全部的努力和希望都落空了，佐藤觉得好像被人当头敲了一棒。他定了定神，打开了那份文件：

希特勒德国战败投降以后，日本是主张继续战争的唯一大国。日本已拒绝今年 7 月 26 日美、英、中三国提出的日本武装兵力无条件投降的要求。因而，日本政府向苏联提出的关于调停远东战争的基础已不复存在。考虑日本拒绝投降，联合国家向苏联政府提议参加反对日本侵略的战争，以便缩短结束战争的时期与减少牺牲，尽早实现全面和平。苏联政

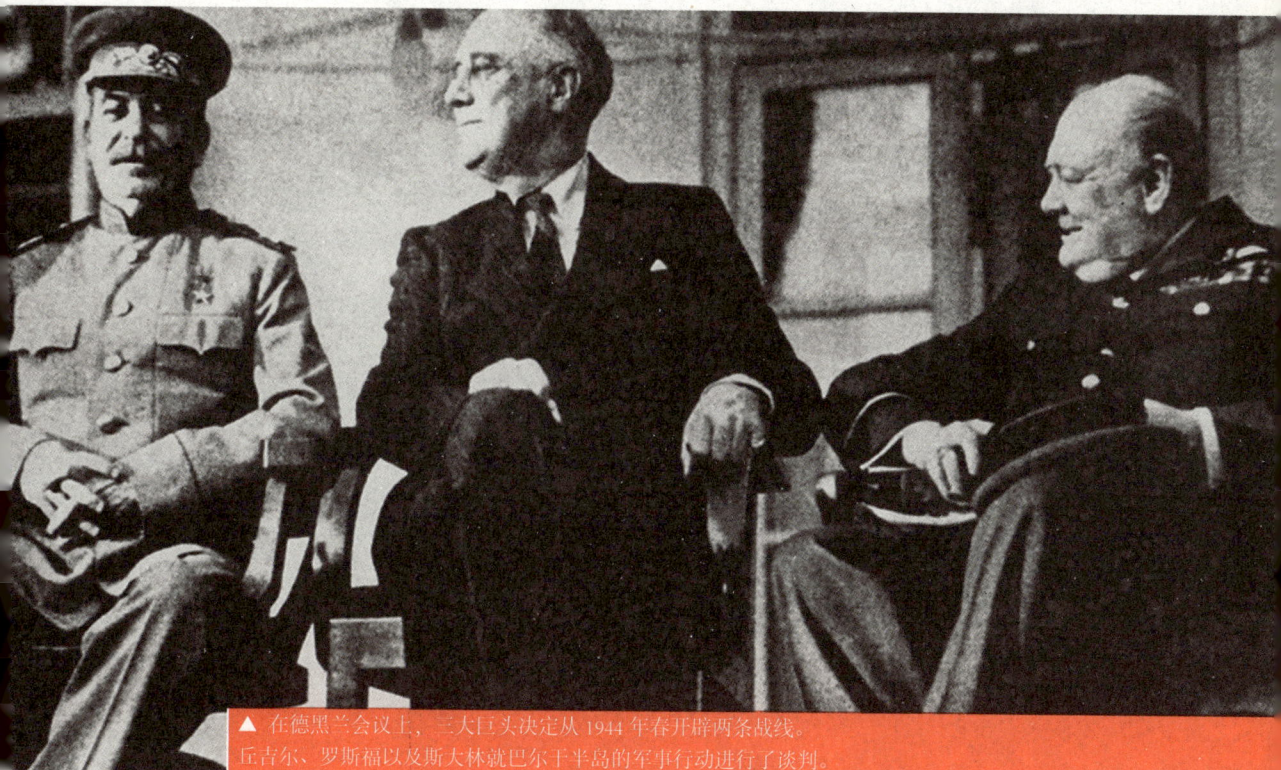

▲ 在德黑兰会议上，三大巨头决定从 1944 年春开辟两条战线。
丘吉尔、罗斯福以及斯大林就巴尔干半岛的军事行动进行了谈判。

府履行本国对联合国家的义务，已接受联合国家的提议，参加本年 7 月 26 日联合国家宣言。
苏联政府认为：本国政府的上述方针是为促进和平，拯救各国国民今后免受新的牺牲与苦难，
使日本国民得以避免德国拒绝无条件投降后所蒙受的危险与破坏的唯一途径。有鉴于此，
苏联政府宣布：自明日，即 8 月 9 日起，苏联与日本进入战争状态。

佐藤放下苏联对日战争宣言，拿出手帕擦了一下脸上的汗水，抗议说："日本对苏联
决意采取的战争作法，表示遗憾。这在两国关系上是一种片面的毁约行为，而且苏联把对
日本宣战说成是为了拯救日本国民的苦难，这一点，也是没有道理的。"

莫洛托夫对佐藤这种无关大局的抗议和解释，理也不理。只是冷冰冰地说了一句："您
可以将苏联政府的宣言，和我们会晤的情况，报告日本政府。"佐藤不置可否地点了点头，
拿起皮包，走出了外交委员会的大门。佐藤回到大使馆，立刻把这个消息向东京报告。当
晚 11 点，东京接到了佐藤的报告，急忙命令关东军做好战斗准备。但此时，离苏军总攻的
时间只有 70 分钟了。日军有天大的本事，也不可能在 70 分钟内部署有效的防御措施。

苏军攻击的主要方向，也大大出乎日军意料。日军认为，苏军的主攻方向一定在海拉尔。

▲ 苏联摩托化部队向日军占据的朝鲜海岸进军，朝鲜游击队也参与到了其中。

这个地方离苏联边境最近，有铁路通向齐齐哈尔和哈尔滨，沿途地形比较平缓，便于大部队运动。但苏军的主要突击方向却选择在另两个方向：一个在现在蒙古人民共和国东部突出部，一个在双城子南北一线。苏军从这两个方向向中心突击，目的在于切断关东军主要集团与驻朝日军预备队的联系，迫使它一开始就处于两线作战的被动局面。

为了达到奇袭的效果，苏军统帅部对部队的进攻严格保密。各方面军或集团军的全部战役计划，只限于司令员、军事委员、参谋长和方面军（集团军）司令部作战部（处）长4个人知道；有关战役计划的全部文书都保存在司令员个人的保险柜中；居民不迁离边境地区；苏军继续执行正常勤务，并像往常一样地从事农副业生产；一切调动都在夜间进行，一直到8月8日夜，部队才进入进攻出发地域。在战役准备期间，新到部队的无线电台只收不发，原有的无线电通讯都留在原地，并以通常的工作量进行工作；苏联元帅华西列夫斯基、马利诺夫斯基、麦列茨科夫和其他一些将军到达远东时，都改变了姓名，更换了肩章和领章；调到边境地区的部队，一到达目的地就构筑防御工事，好像他们的到来只是为了防御，而不是为了进攻；部队驻地远离居民点，禁止与居民接触。此外，苏军还规定，进攻发起之前，改变以前的惯例，不进行炮火准备。

为使战役确有把握，斯大林进一步加强了华西列夫斯基统率的苏联远东军。它辖有11个诸兵种合成集团军，1个坦克集团军，3个航空集团军。这支大军共有80个师，4个坦

克机械化军，6 个步兵旅，40 个坦克机械化旅，共计 157 万余人。苏军的兵力兵器都有极大的优势，远远超过关东军。

8 月 8 日，在后贝加尔和蒙古，直至傍晚，天气仍十分炎热，但晚上却下了一场暴雨。暴雨给苏军增加了行动困难，也掩护了苏军的行动。8 月 9 日零时一过，苏联红军百万雄师，便以迅雷不及掩耳的凌厉攻势，从各个方向突入中国东北的中苏边界，对日本关东军发起全线总攻。当他们跨过沙漠和草原，强渡额尔古纳河、阿穆尔河和乌苏里江，突然出现在关东军面前时，不少日军还在睡梦中就被打死了。

在地面部队发起进攻的同时，轰炸航空兵的几千架飞机，对日军大后方的火车站、通讯枢纽及长春、哈尔滨、吉林和其他重要城市的重要军事目标实施了集中突击。太平洋舰队的航空兵和鱼雷艇编队，也对日军占据的雄基、罗津和清津等朝鲜港口内的舰艇、海岸防御和其他目标实施了袭击。关东军一夜之间受到了整个东北边境和朝鲜沿海方向陆上、空中和海上的全方位全体进攻。山田三乙被打得晕头转向，不知哪里是苏军的主攻方向。

经过几天的突击，各路苏军都有很大进展。在进军途中，虽然遇到了关东军的一些部队的抵抗，但阻力不大。主攻方向的后贝加尔方面军进展尤为迅速，坦克第 6 集团军的近千辆坦克，越过沙漠，大兴安岭，直指长春和沈阳，面对这股钢铁洪流，号称"皇军之花"的关东军也只能不断发出哀鸣。

第八章

日落东瀛

　　天皇宣布投降的诏书广播之后，日本举国上下一片悲嚎之声。他们听惯了广播中传来的皇军捷报，而这一次，却是足以令大和民族的精神支柱崩溃的消息。但是，不知日本人民有没有意识到，从此之后，尽管他们不能靠蹂躏别的民族而生存，但他们的儿子再也不用充当肉弹，他们再也不用担心夜晚会响起警报，那令人生畏的原子弹再也不会光顾日本。

No.1 投降是唯一的出路

　　原子弹的袭击，苏联的参战，日本内阁震惊了。铃木首相向来以沉着、冷静而著称，但现在，他却变得脸色苍白，简直站立不稳。外相东乡茂德听到的消息是广岛已经被美国的超级炸弹夷为平地，驻扎在广岛的军队总司令被炸死在司令部。他把这些消息告诉铃木，认为必须开会讨论如何结束战争，他个人认为除了接受《波茨坦公告》外，已经没有更好的办法了。

　　8月9日上午，日本最高战争指导会议在皇宫地下防空洞举行，讨论是否接受《波茨坦公告》以结束战争。参加会议的有首相铃木、陆相阿南大将、海相米内大将、参谋总长梅津元帅、军令部总长丰田大将、外相东乡茂德。会议发言由参谋总长梅津记录。会议一开始气氛就十分紧张，令人几乎要喘不过气来。铃木首相主持会议，并首先发言："今天，诸位到这里来，事关重大，苏联已对日本宣战，我们应有何种对策，希望能有一个共同的协议。"说着他看了一下在座的人，只见阿南陆相紧绷着面孔，梅津的脸色也是阴沉沉的。

　　外相东乡说："现在我们正面临严峻的形势，8月6日，原子弹毁灭了广岛。3天后，又一颗原子弹毁灭了长崎。8月8日，苏联背信弃义向我开战。8月9日零时，在长达4,000公里的中苏边境上，苏联出动了5,000辆坦克和1,000多架轰炸机。不仅如此，美国有可能再次投下原子弹。现在整个军事形势已经万分紧急，面对当前的形势，我认为只要能保持国体，就应该接受波茨坦宣言。"

　　海相米内说："我个人认为，东乡的意见还是有道理的，只是我们的条件不知敌方是否允诺，不然我们也是很难接受的。"

　　听到他们的建议，陆相阿南按捺不住内心的狂乱和激动。他脸上挂满泪水，高声叫喊陆军绝不投降，除非是满足陆军提出的一系列条件。保持国体是最低条件，除此之外，还要授权日本自行开设法庭处理战犯，自行解散军队，并限制占领军的数量。

　　阿南大声吼叫："尽管苏联参战，又有什么了不起的。就是一亿国民全部战死，我们也要给敌人造成重大伤亡，使日本民族的事业名垂青史。"

　　这时梅津总长将记录的铅笔轻轻地放到了桌子上，他的态度和阿南完全不同，显得从容不迫，胸有成竹。他说："日本已经作好了本土决战的准备，敌人还没有来，我们不必惊慌失措，就是苏联出兵对我不利，但目前远未到无条件投降的地步，为什么要无休无止地谈这些呢？"

　　东乡认为在当前形势下，提4个条件是不现实的，而且原子弹随时都有可能再次落下来，为了使和平谈判更有把握，他认为只提一个条件，就是保证皇室地位。

▲ 杜鲁门总统和麦克阿瑟商谈日本投降事宜。

　　但阿南、梅津和丰田全都表示反对，这下子，连铃木首相也没有任何办法。会议一直进行到晚上 10 时半，也没形成任何决议，铃木只好提出奏请裕仁圣断。

　　在这次会议之前，铃木和东乡就曾面见裕仁，报告会议可能出现的情况，以及他们希望裕仁采取的行动。在通常情况下，内阁应提出辞职。但这次内阁成员意识到，第 3 颗原子弹随时可能投放，有传闻说美国将在 12 号对东京进行原子弹袭击。日本的传统是皇室不干涉政府，一般来说，政府首脑们必须达成一致的决议，然后呈报裕仁。所以铃木首相这样一提议，众人都感到十分惊讶。

　　晚上 11 时 50 分，在皇宫防空洞召开第一次御前会议，讨论接受波茨坦公告问题。与会人员除最高战争指导会议 6 名成员外，还有平沼枢相和迫水内阁书记官长、吉积陆军省军务局长等人。会上铃木宣读了东乡和阿南的两个提案，让大家讨论。

　　陆相阿南一开始就明确表示："不能同意东乡的提案，我不能想像把皇室交给敌人会是一种什么结果，苏联是一个不讲信义的国家，美国也是个毫不讲人道的国家，不能把皇室交给这样的国家。"梅津总长则发言说："对战争，目前仍有坚持下去的信心，以往的

▲ 正在召开御前会议的裕仁天皇。

计划也是可以完成的。"

这时，平沼枢府议长追问梅津："眼下敌机连日连夜地轰炸，又扔了原子弹，总长阁下是否还有防御之信心？"对此梅津回答说："空袭并不可怕，原子弹也不是那么可怕，主要是我们防空的效果不好。最后的决战，还是要在本土。胜败要看本土决战，面对敌人的空袭我们不应屈服。"丰田军令部总长马上说："我也同意总长和陆相的意见，不但陆军战斗力很强大，海军也有一定的战斗力，决不能不战而降。"

铃木赞同外相等内阁成员的见解，但他提出了一个折中方案，说道："国体太宝贵了，我们决不能失去它。只要能保持国体，我们不仅可以考虑波茨坦宣言，而且必须立即接受。"说完，铃木把目光投向裕仁，接着说："的确，我们没有投降这个先例，我也觉得这话难以说出口。目前意见分歧很大，不能形成一致决议，然而事态已刻不容缓，我们恭请陛下破例作出圣断，作为这次会议的结论。"

裕仁一直没有说话，只在静静听这些内阁大臣的争论。他心里早就明白，仗是不能再打下去了。关于日本的国力，裕仁心里也是有数的，陆军面对的是人家好几倍的兵力，空军力量更是不能和美国相比，加上敌机连日轰炸，国民已经无法生存，如今苏联又出兵，面对这么多强大的对手，以日本的人力国力，肯定是失败的结局。

他缓缓站起身，看了看左右的大臣，用疲惫的语气说："你们的话朕都听到了，敌我力量悬殊，又出现了原子弹，照这样下去，日本民族和国家都要灭亡了，所以朕同意外相的意见。我不堪忍受我的无辜臣民继续蒙受灾难，只有结束战争才是唯一的出路，才能把我们的民族从可怕的惨境中解救出来。"他停了停，提议为那些战死在遥远的异国沙场上的将士和国内空袭中遇难的人们致哀。这时，裕仁忍不住用戴着白手套的手擦拭脸上的泪水。陆相阿南也是泪流满面，泣不成声。满场一片呜咽之声，就连支持结束战争的外相，也落下泪来。梅津总长也是老泪纵横，但仍笔挺地坐在那儿，一动也不动，任凭泪水滑过脸面。

裕仁又说："解除军队武装，处罚战争责任者，朕实难忍受，但想到明治天皇容忍三国干涉的心情，不得不暂时忍耐，以图将来国家复兴。"说到这里，裕仁已是泪如泉涌。

内阁成员全体起立，目送裕仁拖着缓慢而沉重的步伐离开会场。此时已经是凌晨2时30分。铃木宣布："天皇陛下的旨意将作为此次会议一致通过的决议。"各个与会者都签署了会议备忘录，同意在承认保留"天皇最高权力"的条件下接受波茨坦宣言。裕仁决定投降后，铃木次日通过驻瑞典公使请瑞典政府把日本接受波茨坦公告的照会转交美、苏、中、英四国政府。

美国政府是在华盛顿时间8月10日星期五上午7时得知这个消息，日本接受波茨坦公告，除了关键性的一点：那就是"它不能包含任何有损天皇陛下作为主权国家统治者职权的任何要求"。杜鲁门总统当即同国务卿贝尔纳斯、陆军部长、海军部长以及总参谋长举行会议。杜鲁门逐个征求他们的意见。史汀生和李梅上将主张保留天皇，他们认为天皇问题比起稳操胜局的战争胜利来说，是个次要的问题；贝尔纳斯不同意，他认为，在目前情况下，提出条件的应该是美国而不是日本，他辩论说："我不能理解我们为什么要比在波茨坦时同意做的让步还要再进一步，当时我们还没有原子弹，苏联也没有参战。"海军部长福莱斯特尔提出一个折中的建议，美国可以在答复中表示愿意接受日本投降；但同时用能彻底实现波茨坦公告的意图和目的方式来确定投降条件。

杜鲁门采纳了这个折中建议，他请贝尔纳斯起草一个可以表达这一意思的复文。这个答复在其关键性条款上有意模棱两可：

从投降之时起，天皇和日本政府治理国家的权力将从属于盟军最高统帅……

天皇和日本最高统帅部将被要求签署投降条件……

政府的最终形式将根据波茨坦宣言，由日本人民自由表达的意志来建立。

贝尔纳斯并不急于发出这一答复，征求了英、苏、中三国政府的意见后，他把它放在手边过了一夜，然后，直到 8 月 12 日早上，才发布给无线电台去广播并经瑞士转交。

史汀生仍然力争把空军控制起来，他在星期五早上的会上曾提出，美国应该停止轰炸，包括原子弹轰炸。杜鲁门不太赞同这种想法，但是，他在下午召开的内阁会议上又重新做了考虑。福莱斯特解释总统的意见说："我们将以目前的强度继续作战，直到日本人同意了这些条件，然而有一条限制，即不再投掷原子弹了。"前任副总统现在担任商务部长的亨利·华莱士在他的日记里记录了总统改变想法的理由：

杜鲁门说，他已经下达命令停止原子弹轰炸。他说想到要再消灭 10 万人太可怕了。他不喜欢屠杀他所称的"那些小家伙"的主意。

限制原子弹轰炸的命令来的正是时候。格罗夫斯热衷于使用这种武器，已经提前 4 天又安装了一个"胖子"，他向马歇尔汇报说，预计 8 月 12 日或 13 日，从新墨西哥州运来的钚弹芯和引爆器将到达提尼安岛。只要在运输途中不发生意外，这颗原子弹可以在 8 月 17 日或 18 日在合适的气候条件下投掷。马歇尔告诉格罗夫斯，总统不希望再用原子弹进行轰炸。因而格罗夫斯感到有些遗憾，但运输工作马上停止。

日本方面收听到了美国广播的盟国答复后，狂热的日本军国主义分子对此很不满意，陆海军两总长于上午 8 时上奏裕仁，断然反对接受同盟国公告，并提出一个"必胜计划"：进行一次特殊的袭击，用牺牲 2,000 万日本人的代价进攻盟军。同时，几十位军官已秘密集结在陆军部，谋划政变。反叛者试图说服一些上层要员，希望赢得支持，然而没有成功，所以就企图调遣当地部队包围皇宫，软禁裕仁，同时占据政府各个关键部门，控制报刊和广播，切断一切通信联系。

8 月 14 日上午，裕仁要在"吹上御所"召开御前会议。上午 9 时多，10 余辆黑色轿车，穿过坑坑洼洼的路面，驶向日本天皇起居的圣地"吹上御所"。今日的皇宫已经没有了昨日的盛况，经历过美军的轰炸，这里到处都是残垣断壁，纵横的壕沟，光秃的树枝，往日的典雅气派和秀美景致都荡然无存。进来的这些军政大员个个都失去了往日常见的得意笑容，一个个显得悲哀凄苦，满面愁容，充满忧郁和沮丧，简直像来送殡一样。

10 时整，裕仁天皇准时来到了宫后的地下防空洞里。自从美军飞机开始对日本本土进行轰炸以来，天皇召开的所有会议，都不得不在防空洞中举行。防空洞修建得十分豪华，洞壁上雕刻着精美绝伦的传说图像，皇台和御座是用珍贵的橡木建造的。但洞中潮气很大，感觉湿漉漉的。

日本有神国之称，他们自称自己的历史比任何民族都要久远，他们把自己居住的岛国当成是日出之岛，他们的天皇是太阳神的后裔，也是大地的中心。长期以来，日本的国民始终对天皇惶恐有加，顶礼膜拜。

然而，此时的裕仁尽管年龄不大，但看起来十分苍老。脸上刻满了皱纹，长长的眉毛耷拉下来，几乎要盖住深陷的眼窝，嘴唇有些干裂，细小的眼睛里布满了血丝。显然这段时间，他过着很不舒服的日子。

裕仁走到扩音机前，首先把终止战争的决定告诉给陆、海军各位元帅和内阁成员，以及最高战争指导会议的成员，请他们支持这个决定。然后，他用发颤的声音问："木户内相的议案是否已经确定？"

铃木首相首先恭敬地说："这个议案关系到帝国的命运，关系甚大。内阁接到美国国务卿贝尔纳斯复照后，连续多次议论，始终未能取得一致意见。美、英、中、苏四国对我们提出结束战争的四项条件全然否决，实在令人难以接受。"内相木户随后发言，他认为四国的复照只要求日本政府统治权力将隶属于盟军最高司令部，并不包含任何损害天皇陛下作为最高统治者的君权要求。假如拒绝接受波茨坦公告，继续进行战争，那么千千万万的帝国臣民就会死于饥饿和轰炸，到那个时候，国家也许就真的解体了。

阿南大将紧接着发言，他认为盟国没有保证天皇体制的诚意，不可用一时的屈辱来换取维护国体。况且日本有700万大军，如果没有决战就投降，这实在是奇耻大辱，在世界战争史上实属罕见。杉山、梅津两元帅相继站起，表达了与阿南大将相同的意见，希望与美国再次交涉，明确表示同意维护天皇制度，如不允许，那就坚决诉诸战争，宁为玉碎，不为瓦全。

裕仁叹了口气，缓缓地说："如果没有别的意见，我谈谈自己的看法。我已仔细听取了反对日本接受同盟国回文的种种理由。不过，我仍坚持以前的看法，没有改变。我现在再重申一遍，我研究了国际和国内的形势，我以为把战争如果拖延下去，除了加剧伤残毁灭外，对我们没有更多好处。我也研究了同盟国回文中提出的条件，认为这些条件完全承认了我们所表明的立场。总之，主要问题在于我国全体国民的信念和觉悟。我认为，此时可以接受对方的要求，希望大家也这样考虑。"

裕仁擦了擦眼泪，继续说道："如果我们再打下去，日本将成为焦土，使万民遭受更大的苦难，我实在于心不忍，无以对祖宗在天之灵。当然，采取媾和手段，对于对方的做法，难以完全置信，但我想较之日本完全灭亡的结果还略胜一筹，只要还留下一点种子，今后还有复兴的希望。回想明治大帝忍气吞声，断然决定接受三国干涉的苦衷，但愿此时此刻，忍所难忍，耐所难耐，团结一致，以求将来的复兴。想到过去在战场上阵亡的，或殉职死于非命的，以及他们的家属，实不胜悲叹。至于身负战伤、遭受战灾、丧失家业的人们的生活，也是我深为忧虑的。此时此刻，如果有我应做的事，我在所不辞。如果需要我向国民呼吁，我随时准备站在麦克风前面。由于对一般国民从来什么也没告诉，现在突然听到这一决定，震动一定很大，陆、海将士的震动将会更大。抚慰这种情绪，可能相当困难，希望很好地体会我的心意，陆、海军大臣共同努力，妥善予以处置。必要时，由我亲自晓谕也行。现在当然要颁发一份诏书，希望政府迅速起草。这些就是我的想法。"

在裕仁讲话当中，各处不由得发出呜咽的声音。裕仁本人也一再挥泪，不停地用洁白的手套擦拭着脸上泪水。讲话也时断时续，声音让人听起来十分悲伤。当裕仁谈到不管他本人如何，也要营救万民，以对祖宗在天之灵时，在场的人都不禁流下激动的泪水。当他讲到如有必要，准备随时站在麦克风前时，全体不禁放声痛哭。

裕仁讲完话，迈着沉重的脚步，走出了令人窒息的地下室。裕仁一走，在座的政府要员又开始痛哭流涕。一声又一声的哀叫在地下室中回响，充满了绝望和悲哀。

遵照裕仁的旨意，内阁当天就起草了终战诏书，这个诏书共 815 字，与向日本国民宣读诏书的"8.15"这个日子正好相合。由于在日本传统中，天皇从来不作公开的演说，更不会在国民面前直接抛头露面，这份终战诏书准备先进行录音，然后通过广播告知全体国民。

晚上 11 时 30 分，裕仁被护送到皇宫东侧内务省的二楼，站在麦克风前，他问技师："我的声音应该多大？"

技师告诉他按平时说话的声音即可，但他仍下意识地放低了声音：

朕深鉴于世界之大势与帝国之现状，欲以非常之措置，收拾时局，兹告尔忠良之臣民。朕已命帝国政府通告美、英、中、苏四国，接受其联合公告。盖谋求帝国臣民之康宁，同享万邦共荣之乐，乃皇祖皇宗之遗范，亦为朕所眷眷不忘者也。曩者，帝国所以对美、英两国宣战，实亦出于庶几帝国之自存与东亚之安定。至若排斥他国之主权，侵犯他国之领土，固非朕之本志。然交战已阅四载，纵有陆、海将士之奋战，百官有司之奋勉，一亿众庶之奉公，各自克尽最大努力，战局并未好转，世界大势亦不利于我。加之，敌新使用残虐炸弹，频杀无辜，残害所及，实难逆料。若仍继续交战，不仅终将导致我民族之灭亡，亦将破坏人类之文明。如斯，朕何以保亿兆之赤子，谢皇祖皇宗之神灵乎！此朕之所以卒至饬帝国政府接受联合公告也。

朕对于始终与帝国共同为东亚解放合作之各盟邦，不得不表遗憾之意。念及帝国臣民之死于战阵、殉于职守、毙于非命者及其遗族，五内为裂；而负战伤、蒙灾祸、失家业者之生计，朕亦深知尔等臣民之衷情。然时运之所趋，朕欲耐其难耐，忍其难忍，以为万世开太平之基。

朕于兹得以护持国体，信倚尔等忠良臣民之赤诚，常与尔等臣民共在。若夫为感情所激，妄滋事端，或同胞互相排挤，扰乱时局，因而迷误前途，失信义于世界，朕最戒之。宜念举国一家，子孙相传确信神州之不灭，任重而道远，倾全力于将来之建设，笃守道义，坚定志操，誓期发扬国体之精华，勿后于世界之潮流。望尔等臣民善体朕意。

也许是有些紧张，裕仁的声音有些结巴，他念完后，问技师："你看怎么样？"

技师显得十分窘迫，他说有几句话录得不太清楚。裕仁又把讲稿念了一遍，但这次声音又有点过高。裕仁提出要念第三遍，但技师不忍心再让他受到这种煎熬，就说可以了。讲话被复制到两盘录音带上，一盘备用。由于传言军队要政变，录音带被藏在内务省。一名皇室内侍找到一只小小的保险柜，锁好录音带后又用一摞纸把它盖住。

No.2 帝国末路

8月15日凌晨1时左右，在裕仁返回皇宫不久，一群荷枪实弹的少壮军人就包围了"吹上御所"。负责守卫皇宫的近卫师团森猛纠中将仍在办公室，突然，门被撞开了，一伙人闯了进来。这些人有陆军部的细中少佐、东条英机的女婿古贺少佐、陆相阿南的内弟竹下少佐等人。森猛纠马上明白了这伙人的用意，面对枪口，他说："我知道你们想干什么，但我身为近卫师团长官，必须服从天皇的旨意，我的部下也必须这样做。"细中等人不由分说，一声枪响，森猛纠倒在血泊中。随后，1,000多人将皇宫团团围住。

这伙人的目的就是要搜查整个皇宫，毁掉天皇的终战诏书。但他们搜遍了整个地方，就是找不到录音带。一位士兵用枪指着那位负责录音的技师，让他说出保存录音带的人。技师赶快撒谎说，那个人是个高个子，已经走了。

宫内大臣石渡聪太郎感到宫内政变这件事和2·26事件完全一样。他清楚地记得，1936年2月26日，一批少壮派军官率领1,000多名陆军士兵冲进首相官邸和东京警视厅，杀死了前首相斋藤、前藏相高桥和前陆军总监渡边，现任首相铃木那时是首相侍卫，在事变中负伤。当时石渡聪太郎是近卫师团的少佐，亲眼看到这可怕的一幕。没想到，不到10年，这幕悲剧又要重演。

凌晨4点多，在日本2号公路上，37个人乘坐一辆卡车和一辆小汽车，由广岛向东京全速驶来。这37人有5个是学生，2人是广岛青年军成员，其余都是军人。他们自称是"国民神风队"，身上佩带着手枪、军刀和机关枪，在广岛警备队佐佐木上尉率领下，直冲首相官邸而来，他们妄想把主张投降的首相铃木杀掉。如果赶上内阁开会，就把整个内阁一网打尽。在他们心目中，首相无疑是个卖国贼。

恰好，首相铃木不在家，家里只有小孙子和原百合小姐。佐佐木下令搜查各个房间，当他们发现首相确实不在家时，就把满腔怒火发泄到这座房子上。佐佐下令点燃房子，并用机枪拦截赶来救火的消防车。

黎明前，军队的高级将领打电话劝说这些反叛者撤出，政变得不到外界支持，注定会失败。但这些暴动分子仍不死心，他们派出一个连来到日本广播协会的大楼，将60多名值夜班的工作人员锁进第一工作室，妄图阻止天皇的录音广播。5时10分，东区陆军司令部田中司令来到皇宫，把传达政变命令的田原少佐逮捕。这一政变遂告失败。这些军官纷纷自杀身亡。

7时21分，日本广播协会播音员馆野通过广播对外宣布："今天午时，天皇陛下将播放谕旨，届时敬请大家恭听天皇的声音。"

尽管这场反对投降的有组织的叛乱已经被平息，但天皇的侍从仍十分担心录音带的安全。他们把一盘录音带和御玺放在一个盒子里，从内务省公开送到广播大楼。另一盘录音带由一位内侍放在饭袋里，悄悄带出内务省大楼，然后乘警车运往广播大楼。

这些措施都是十分必要的，在许多地方都有狂热的主战派分子。11时20分，试播录音时，一名军事警察就拿出佩剑，声称要杀死播音员，被卫兵即时抓获了。1945年8月15日正午时分，广播里响起著名播音员和田信贤的声音："请注意，这是极其重要的广播，请所有听众起立。天皇陛下现在向全体日本国民宣读诏书，我们以崇敬的心情播放天皇陛下的讲话。"随后，日本国歌《君之代》响起，国歌结束之后，一个令人敬畏的声音开始讲话了。

大多数国民都是第一次听到天皇的声音，听着听着，他们已经感到，日本成了名副其实的战败国。许多人禁不住号啕大哭，有的当场昏倒。过去十年，他们听得最多的是皇军一个接一个的捷报，他们津津乐道着皇军占领他国的土地，屠杀当地的人民。如今，他们才明白，曾经战无不胜的皇军只不过是他们自己营造的神话，在真理和正义面前，一旦面临勇敢的抵抗，他们是那么脆弱，就像一条被打断脊梁的恶狗，只能瞪着恶狠狠的目光，再也不能耍往日的威风了。正所谓天网恢恢，疏而不漏，从这一刻起，太阳帝国陨落了。

那些少壮派军官不甘于这样的命运，他们又策划了更大胆的行动。8月29日，美国军舰"密苏里"号驶进东京湾，准备接受日本投降。与此同时，全副武装的海军官兵和海军陆战队第4师也在横须贺登陆。准备顽抗到底的叛乱者组织了神风轰炸机群，妄图炸沉"密苏里"号。

▲ 大阪的工人通过收音机收听天皇宣读《终战诏书》。

这个计划要是成功，美国人必然认为这是日本人最恶毒的阴谋诡计，和平谈判一定会破裂。如果这件事真的发生，美国一定会对日本进行疯狂的报复，日本人民将遭受怎样的苦难，后果真是不敢想象。但是，在投降前最后的狂乱时刻里，裕仁把他的皇族成员派到各个要塞据点，要求遵守天皇的命令。他的弟弟高松亲王，及时赶到厚木机场，劝阻那些杀气腾腾的人，要他们不要起飞。

9月2日上午9时整，日本代表在外相重光葵和梅津美治郎率领下，登上了美国军舰"密苏里"号，向盟军最高统帅麦克阿瑟将军为首的联合国代表团签字投降。麦克阿瑟代表盟国对日本代表团说："我现在命令，日本天皇和日本政府代表，日本帝国大本营的代表，在投降书上指定的地方签字。"9时4分，重光葵代表天皇和日本政府终于在投降书上签上自己的名字。接着，尼米兹海军上将代表美国政府，徐永昌将军代表中国政府，福莱塞海军上将代表英国政府，杰列维扬科中将代表苏联政府，布雷米海军上将代表澳大利亚政府，以及加拿大、法国、荷兰、新西兰的代表们，一一在日本投降书上签了字。

9时25分，麦克阿瑟宣布："让我们祈祷世界恢复和平，愿上帝永远保佑和平。仪式到此结束！"

第二次世界大战结束了，一个新的时代降临了。

"神风特攻之父"大泷治郎中在这天晚上，在绝望中以传统的方式切腹自杀。在遗书《致特攻队员之英灵》中，他说："诸位竭力善战，我借此聊表谢忱。诸位深信最后之胜利属于日本……惜宏愿未酬，我以一死向特攻队员之英灵及遗眷谢罪。"

前首相近卫文麿担心成为战犯，只能在狱中度过余生，就用毒药结束了生命。参与策划太平洋战争的陆军元帅杉山元也用手枪射中了自己的心脏。

东条英机死得很痛苦，日本投降后，那些狂热的法西斯分子敦促他要用死来报效天皇。每当想起墨索里尼被处决后，暴尸街头的情景，他就感到不寒而栗，他也担心自己的尸体被这样糟蹋。他曾对士兵们说："不受被俘之辱，而择清白死亡之道。"看来，他自己不得不亲自履行自己的诺言了。9月11日，美军来到他的寓所宣布对他逮捕时，他试图用手枪自杀，但他的枪法太蹩脚了，子弹竟没射中心脏。他不但没有逃脱法律和正义的裁决，还引来了一阵嘲笑和斥骂。

第九章

和平的代价

　　当初，许多科学家积极投身到原子弹的研制工作当中，多年埋首于实验室，他们是抱着一种拯救祖国的崇高目的从事这项工作的。因为纳粹德国也正开展这项研究，如果被纳粹抢先研制出来，人类无疑将面临一场劫难。所以，他们鼓吹政府支持这项研究，自己也投入了全部的精力。但随着战争的结束，和平成为世界的潮流，特别是他们目睹了原子弹带给广岛、长崎的灾难之后，那些参与这项工作的人又积极投身到禁核运动中来。

No.1 强大而可怕的内疚

广岛和长崎被炸的惨剧使许多参与"曼哈顿工程"的工作人员感到震撼,他们纷纷发表禁止使用原子弹的声明。

在美国参与核研究的科学家中,特别是核物理学家中,产生了不同凡响的影响和冲击。泰勒曾回忆说:"那天早上我们听到了广岛的消息,洛斯阿拉莫斯的科学家们没有为自己的成功感到兴奋、激动和得意。相反,人们普遍感到忧虑和焦急。从此以后,一种新的力量出现了,我们不知道它会对我们的思维、行动和生活产生多大的影响。"还有一位科学家回忆道:"原子弹在广岛成功爆炸后,许多新闻记者和民众对此深感喜悦,并举行庆祝活动。只有一部分人看到了可能出现的灾难,这部分人主要是为原子弹工作7年的科学家。"

在洛斯阿拉莫斯的科学家中,普遍存在这样一种观点,由于原子弹的威力足以给各国以毁灭性的打击,这种威力随着科学技术的发展还会越来越大,因此,美国在当前已经取得支配这种威力的手段后,既然已经开创了使用原子弹的先例,就有责任对原子弹的使用制定一些约束性政策,更不能以此威胁其他国家。齐拉特在长崎轰炸之后给总统写了一份呼吁书,就发出了这样的呼吁。在长崎轰炸之后,他请芝加哥大学牧师为死难者专门祈祷,并为两个城市募集捐款。然后他又起草了第二封呼吁书,他把原子弹称为是"对我们自己道德标准的公然破坏",并要求停止这种轰炸。

在广岛被炸后的整整一个星期内,美国严格控制有关曼哈顿工程的报道,他们担心这会减弱总统声明的力量。更担心这方面的报道使日本产生一种错觉,认为原子弹不会再扔下来。在白宫声明发表后的24小时以内,所有报馆都要求解除限制,这使陆军情报局受到了很大的压力。每一个有关人员都清楚地感到,局势不能这样继续下去。根据已接到的报告看来,格罗夫斯认为没有必要对曼哈顿工程再保持这么严格的控制了。然后,他签署一项命令,有关曼哈顿工程和原子弹的报道不必再由他亲自审核,新闻检查权由华盛顿转移到战区。8月11日以后,所有的消息都归战区各部队处理。

早在1944年,康南特就向格罗夫斯提议,有必要对曼哈顿工程的工作和科学研究发展写出一个完整的报告,这个报告要正式记录工程的一切活动、特别是有关科学技术和行政组织工作,这样就不会磨灭那些有功之人的贡献。他们预计,一旦原子弹取得成功,社会新闻媒体会大量需要有关这个工程的情报。他们也需要有个文件作为参加本计划的人员在同外人谈论时的指南,以免使他们无意中泄露有关机密。

经军事政策委员会同意,1944年4月,格罗夫斯请普林斯顿大学的亨利·史密斯博士

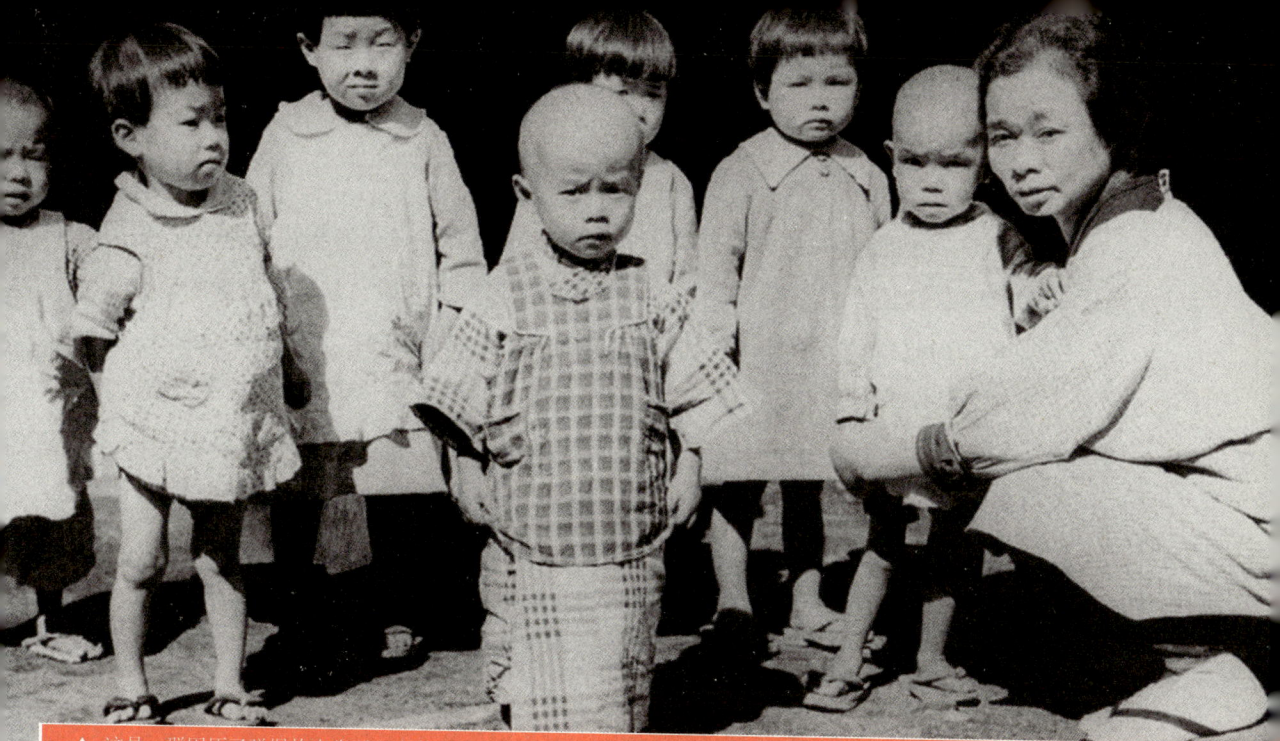

编写了这个报告。1945年8月2日，报告经总统批准正式发布。

这个报告的任何内容并未泄漏有关制造和生产这种武器所必需的军事秘密。它只提供了一些众所周知的科学事实的梗概，并报告了这项工作的经过情况以及各个科学机关和工业企业在它的发展中所起的作用。

随着原子弹的秘密这样公布于世，齐拉特向芝加哥大学校长罗伯特·梅纳德·哈钦斯建议，在芝加哥举行一次会议，邀请最杰出的一些人物，来讨论原子弹对整个世界可能意味着什么，考虑整个世界和美国应该怎样调整当前的原子弹政策。

9月底，关于原子能控制的会议在芝加哥大学召开。经济学家雅各布·瓦伊纳说，原子弹是迄今为止设计出来的最便捷的杀人方法。随着美国和苏联两个大国的出现，组成一个维持和平的世界政府是不可能的。过去，谁是敌人是不清楚的。现在，有了两个大国，目标就会十分明显。他认为，原子弹战争在更大的程度上是一种神经战。当两个国家都有了原子弹之后，心理战就开始了。要相信原子弹有取得和平的作用，它有极大的威慑作用，当别人用原子弹对付你时，是要付出代价的。所以，用原子弹武装起来的世界会处于一种恐怖的平衡之中。

齐拉特在会议中说，原子弹的威力会越来越大，苏联在两三年或五六年也会制造出原子弹，那时，我们就会达到一个武装的和平，这是一个威慑的和平。但是，这种和平不知会不会持续下去，一旦要发生第三次世界大战，那么越迟危害就会越大。他还认为，第三次世界大战之后，胜利者就会创造出一个世界政府。但即使美国政府胜利，他也会至少损失 2,500 万人。

齐拉特的研究兴趣脱离了核物理学，也许他是担心原子弹可能会毁灭整个地球，也许他已不再认为核物理是一个前沿阵地，他很快转移了自己的兴趣，从事生物学的研究。

1945 年 10 月，格罗夫斯来到洛斯阿拉莫斯，代表陆军部向实验室赠送感谢状。10 月 16 日，奥本海默作为实验室的主任，代表整个实验室接受了这个证书。他已经决定回到加利福尼亚，继续从事自己的教学生活。这是他担任主任的最后一天，他在发言中说：

我们的希望是，在未来的年代里，我们可以带着骄傲的心情看着这张奖状和它所象征的一切。

今天，这种骄傲的心情却因为深切的担心而减弱了。如果原子弹被作为新武器装进这个好战世界的武器库中，或者装进准备打仗的各国武器库中，那么，将来总有一天，人类要诅咒洛斯阿拉莫斯和广岛这两个名字。

生活在这个世界上的人们必须团结起来，不然他们就会遭到毁灭。使大地遭受如此浩劫的这次战争已经写下了这句话。原子弹已经说出了这句话，以便使所有的人都能理解。有一些人曾经在过去的各个时期，对其他的战争和其他的武器，也说过这些话。然而这些话在当时并没有使人信服。今天，谁认为这些话说服不了他们，谁就犯下了误解人类历史的错误。我们相信这些话是能够说服人的。

在这个共同的危机面前，我们要努力工作，使世界在法制和道义上团结起来。

之后，拉比回到了哥伦比亚大学，威格纳回到了普林斯顿，阿尔瓦雷茨、西博格和赛

▼ 美国原子弹伤亡调查团在长崎原子弹爆炸中心附近调查。

格雷回到了伯克利，基斯塔科夫斯基回到了哈佛。乌拉姆先是回到了加州大学洛杉矶分校，在那儿他感到很不愉快，然后又回到了洛斯阿拉莫斯。查德威克和英国代表团的大多数成员都回到了英国，由于已经熟悉了原子弹的一切制造过程，他们很快为英国造出了原子弹。

奥本海默由于在原子弹研制过程中所起的重大作用，被《时代》杂志选为封面人物，并被誉为"原子弹之父"。1945 年至 1953 年，奥本海默成为美国政府和国会制定原子能政策的主要顾问之一，曾两次担任美国政府原子能委员会的总顾问委员会主席。这不仅是因为其作为"原子弹之父"的巨大声望和有关原子能的广博知识，也是因为他在分析理解问题时的透彻敏锐和表述阐释问题时的准确优雅。这些条件加上他在科学界所受到的广泛尊敬，他与委员会中其他科学家成员的亲密关系，使得他在为政府服务时，有着极大的影响力。

奥本海默得知原子弹使十几万无辜平民丧命，心情格外沉重，他建议取消原子武器研究所。他见到杜鲁门后竟然情不自禁地哭了起来，伤心地说："我们的双手沾满了鲜血。"

奥本海默对原子弹的危害有着深刻认识，并为之而感到内疚，他更担心美苏两国将要展开核军备竞赛。奥本海默认为，科学家应当具有坚持人类基本价值的良知，并且要有高度的社会责任感。在各种场合，他都满腔热情地投入原子能的国际控制和和平利用，反对美国率先制造氢弹，他的这种观点曾一度在原子能委员会中处于主导地位。但是，军方和军工企业对于削减国防经费感到十分不满，苏联原子弹试验成功又打破了美国的核垄断地位，"二战"结束以来两大阵营之间冷战逐渐兴起。政府和少数科学家开始主张发展氢弹，以遏制苏联。因为这些原因，奥本海默冻结核军备的设想落空了。不仅如此，他反倒使自己卷入了政治漩涡的中心，在艾森豪威尔上台后，他成为政治迫害的对象。

1953 年 12 月，奥本海默被进行安全审查并吊销了他的安全特许权。在 1954 年 4 月 12 日至 5 月 6 日长达 4 周的安全听证会上，他被起诉，罪状是他早年的"左"倾活动和延误政府发展氢弹的战略决策，他甚至被怀疑为苏联的代理人，这就是轰动一时的"奥本海默案件"。尽管审查的结果"没有发现他对国家有过不忠诚的行为"，但原子能委员会的保安委员会和原子能委员会仍然分别以 2 : 1 和 4 : 1 的多数，决定剥夺他的安全特许权，从而将他逐出了政治舞台，使他多年的从政生涯及与核武器 12 年的缘分就此戛然而止。

奥本海默失去政府的信任后，仍担任普林斯顿高级研究院院长。更多的科学家和公众更加支持、爱戴和同情他，这使他感到很欣慰。所幸的是，美国政府毕竟能在不到 10 年的时间里，还算及时地认识到，自己的错误做法不仅仅是对于奥本海默本人的不公正，也是对民主制度和国家利益的严重损害。肯尼迪总统于 1963 年决定遴选奥本海默为当年的恩里拉·费米奖得主（这是美国授予科学家成就的最高奖项），以表彰他对科学和科学共同体的贡献，表彰他对国家的奉献精神，而在肯尼迪遇刺身亡后，由继任的约翰逊亲自给他颁奖。在颁奖仪式上，奥本海默说："我想，今天的仪式是需要您的胆量和宽容的。我觉得这是我们光明前景的预兆。"

关于氢弹的研究，在第二次世界大战前夕已经开始了。泰勒曾提出一种简单的氢弹设计方案。将悬置在隧道内的原子弹引爆，它产生的巨大能量使旁边的冷藏氘和氚发生聚变。由于奥本海默等人的建议，美国官方大量裁减了洛斯阿拉莫斯原子研究中心的成员，泰勒这些研究没有深入下去。

1949 年 9 月，苏联成功试爆了原子弹。1950 年 1 月，洛斯阿拉莫斯原子研究中心的核心人物之一克劳斯·福克斯因间谍罪被捕。据说他向苏联提供了原子弹的秘密资料，并

《终战诏书》宣布后，日本市民向皇宫方向深深鞠躬。 ▶

透露了制造氢弹的一些细节。杜鲁门下令起动氢弹研究应急计划，泰勒对奥本海默阻止这项研究十分不满，两人的关系出现了裂痕。在"奥本海默案件"的听证会上，泰勒明确提供了对奥本海默不信任的证词，导演了反对奥本海默的运动中最不幸的一幕。这种做法引起了物理学家们的反感，他们都不愿理睬泰勒，像躲避麻风病患者一样躲开他。1955 年，费米发表文章《许多人的劳动》，讲到氢弹研究的动机，以及这项工作也是众多科学家合作的成果，澄清了大家对泰勒的一些误会，一些原子科学家才不再回避他，但他始终没得到完全的宽恕。1983 年，第二次世界大战物理界同仁举行 40 周年团聚会，地点在洛斯阿拉莫斯国家实验室。40 年之后，曾经在这里工作的许多人都已经去世，健在的科学家们踏上这片熟悉的土地时不由得感慨万千。

维克多·韦斯科夫已经 74 岁，他已经不再担任麻省理工学院的物理教授。虽然他渴望见到当年的同事，但他拿不准是否应该举行正式的庆祝活动。现在，他依旧认为他

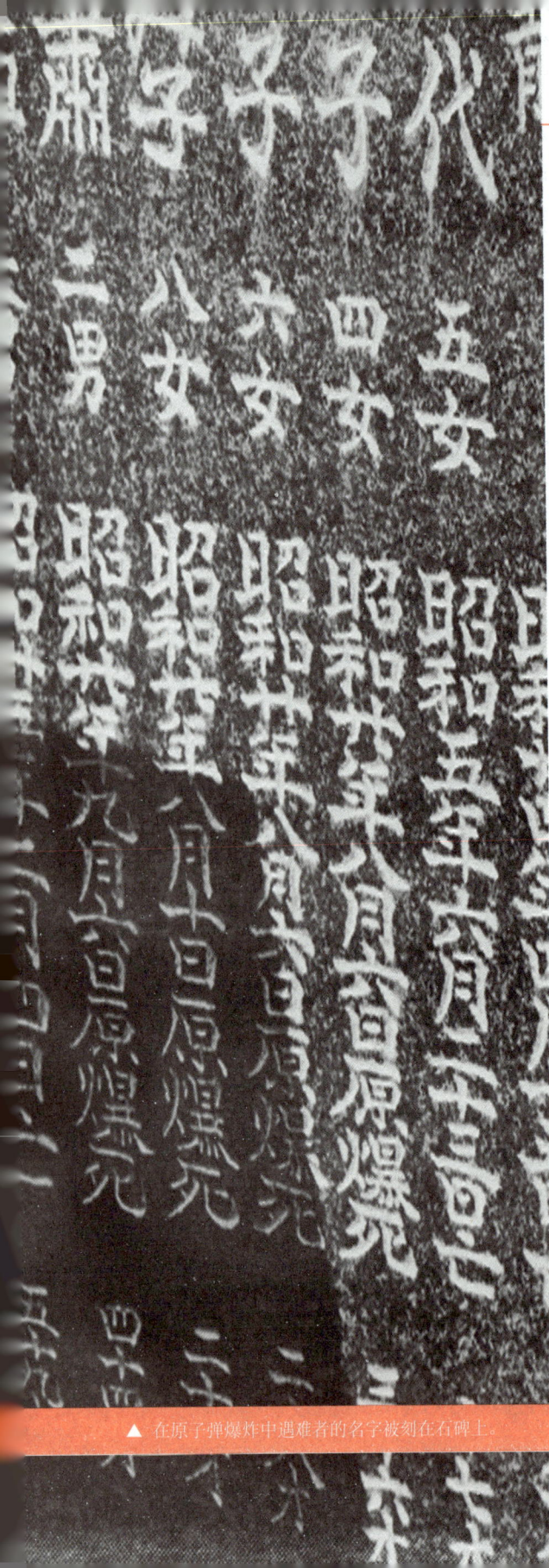
▲ 在原子弹爆炸中遇难者的名字被刻在石碑上。

们制造原子弹是正确的。当时的形势与现在大不相同，希特勒正在研制原子弹。德国战败后，日本人疯狂地抵抗，给美国造成巨大的伤亡，他觉得当时至少要制造10个以上的原子弹才能使日本屈服。

这次聚会就像老朋友和老同学聚会那样，谈话中不涉及工作。谁也不愿提起现在美国巨大的核武器贮藏量，它已经可以毁灭地球至少100次。韦斯科夫和他当年的同事漫步在这个城市，当年战争遗留的痕迹已经完全消失了。没有了简陋的军营和泥泞的马路，映入眼帘的是漂亮的现代实验室和行政大楼，以及各种各样的快餐馆、公寓大楼。聚会中最受大家尊敬的是詹姆斯·诺侬博士。他是产科大夫，那时就在这座山上，许多科学家的后代就是他接生的。聚会中年纪最大的是伊西多·拉比，他已经85岁，曾获得诺贝尔奖。他曾是奥本海默的高级顾问，在大家印象中，他脾气十分古怪。这次，他却发表了一篇热情洋溢的讲话，题目是《我们的良好意图》。

最后一天晚上，气氛变得有些窘迫。当电视台的记者采访拉比，请他谈谈对于今天洛斯阿拉莫斯的看法时，这个老人又恢复了以前的脾气，他说："我非常厌恶这个地方，至少在30年前我们就应该停止不干了。我为这个地方仍旧存在而悲伤。"当这些科学家们走出大厅，他们看到了奥本海默车道对面的池塘边闪烁着烛光，那是和平示威者放置的蜡烛发出的。每个人面对烛光默不作声，有个口号令他们感到吃惊，"一颗原子弹已经太多"，这是一个叫爱德华·格罗瑟斯的商人写的，这个商人曾经是洛斯阿拉莫斯一个车间的机械师，并参加了氢弹的研制。他后来成为一个和平的鼓吹者。

许多科学家在很久以前就改变了对原子弹的看法。汉斯·贝斯认为自己当年选错了，他不该到这里工作。在战争期间，他是理论部主任，韦斯科夫的上司。贝斯支持示威者，他觉得自己当中的许多人就是站在示威者一边的。贝斯对周围的同事说："不该谴责那些站在我们楼前的示威者，他们的标语也许有些简单，但表达了对当前军备竞赛的厌恶。"

在宴会上，有人提议正式表达反对军备竞赛的观点，在呼吁书上，有70人在上面签字。反对者主要来自泰勒的餐桌，他们都恨日本人，觉得多少炸弹也不够用。还有一些老科学家没有签字，他们不愿再涉及到这类事情当中。75岁的塞思·内德迈耶就是没有签字的科学家之一，他说："每当我想起原子弹的历史，这件事总是缠绕着我，我便会产生一种强大而可怕的内疚感。"这个时候，记者看到他眼中充满了泪水。

No.2 燃烧的良心

当原子武器变成人类自我毁灭的武器时，那些参与原子弹研制的科学家显示出一种巨大的心理冲击。关心人类命运的科学家，像爱因斯坦、玻尔、西拉德和奥本海默等，又成了反对发展原子武器斗争的光辉榜样。

爱因斯坦对美国启动核计划起了十分关键的作用，他对待原子弹的态度和奥本海默十分相似。在广岛爆炸发生后，他在一篇文章中表达了对原子弹的忧虑：

原子能的释放并没有产生新问题，它仅仅使得已经存在的问题的解决变得更加迫切，它对人类的影响不是质，而是量。只要一些强权的国家掌握了很大的力量，战争是难以避免的。我们不能肯定地说战争什么时候会爆发，但可以肯定它一定会发生。在原子弹出现之前是这样的，原子弹带来的只是战争摧毁力的改变。

在另一篇文章中，他又表达出富有责任感的科学家的共同心声：

物理学家们发现他们自己处于和诺贝尔相同的地位。诺贝尔发明了至今仍为最强的炸药，这是一种具有摧毁力的东西。为了纪念这个发明和减轻他在思想上的痛苦，他为和平的成功设立了奖金。今天，参加那些令人恐惧和充满危险的武器研制的物理学家们，被同样的责任感所烦扰，但是没有必要感到抱歉。

爱因斯坦在1945年第二次世界大战结束后，曾委婉地批评了美国的核政策，他说："战争胜利了，但没有和平，那些曾团结战斗的国家在和平来临时分裂了。"他私下曾对友人说，写信向罗斯福建议研制原子弹，是他一生中最大的错误和遗憾。英国一些正直的科学家也是如此，发现第93号元素镎的科学家奥托·哈恩得知日本遭受原子弹打击的消息后，神情十分沮丧，他觉得自己对这十几万人的死亡负有责任，因为他的发现，原子弹才有可能被制造出来。他对自己的助手说："当他看到自己的科学发现可能带来的可怕后果时，他深感惊恐。如今，这一切可能性和担心都变成了现实，他觉得自己受到了良心的责备。"

不仅是这些科学家，许许多多的普通美国人，也为原子弹所带来的后果感到震惊。诗人赫尔曼·海泽顿曾写了一首叙事诗，题目是《落到美国人头上的炸弹》，就深刻地反映了美国人的心情。诗中写道：

当炸弹落在美国时，它落在人民的头上，

它没有像在广岛那样把人民损伤。

它没有消灭人民的躯体，

但它消灭了对所有人来说更重要的东西，

那就是他们与过去和未来的联系。

从此，世界上产生了一种新的恐惧，

他们永远失掉了安宁的过去。

这个炸弹是如此可怕，威力如此巨大，

人世间任何语言都不能将它描述。

这个世界尽管如此坚实，

在它面前，刹那间就会变成一块稀泥。

我们做了些什么呀？

我的祖国，

我们究竟做了些什么？

在原子弹面前，人类显得那么不堪一击，异常脆弱。正如诗中所写，从此，人们失去了安宁的心情，不得不为明天是否会有灭顶之灾而担心。《泰晤士报》曾发表一个短篇随笔，一个记者问一个小孩，长大后想做个什么样的人？小孩回答，想做个活人。从这短短的问答当中，可以看出当时的社会对原子弹的恐惧是多么巨大。

至于那些执行广岛和长崎投弹任务的机组人员，也纷纷发表谈话，表明自己的立场。有人对自己的行动所造成的重大伤亡和巨大破坏，在心灵上感到痛苦至极，深感良心受到了谴责。他们用不同的方式，表示对核战争的深恶痛绝。

曾参加广岛、长崎原子弹轰炸的原气象侦察机长鲍勃·伊瑟莱少校得知原子弹爆炸的

▶ 德裔美国科学家爱因斯坦。

真相后，长期以来内心一直难以安宁。大战结束后他回到地方就业，想通过拼命工作忘掉自己心灵上的痛苦。但是，一到晚上，只要一闭眼，他就仿佛看到广岛变成了一片地狱。他每月从自己的工资中，拿出一部分寄给广岛，信上写着"给受害者"。1950 年，杜鲁门总统宣布美国要制造氢弹，听到这个消息，伊瑟莱就想用自杀的方式来抗议美国政府的这个决定，但他被救活了。不久，美国政府对参与广岛和长崎轰炸活动的人都授以奖章。伊瑟莱认为，轰炸行动是他最难以忍受的事。随后，他故意连续多次制造犯罪的事件，使人们以为他不是个战争英雄。他的所作所为十分反常，以至于多次被送进精神病院。后来，他妻子和他离了婚。1979 年，伊瑟莱因癌症去世，终年 58 岁。

曾担任长崎轰炸飞行员的克米特·比汉，1985 年 7 月 25 日在休斯敦向记者展示了当年练习投弹的飞机图片，并说："但愿我是世界上最后一个投原子弹的人。"

在临近广岛和长崎蒙难 40 周年的日子里，美国新闻界和举国上下都广泛报道和议论这件事，并谴责当年用原子弹轰炸广岛和长崎的事件。当时担任长崎投弹的美国僚机领航员保罗·伯格曼，难以忘却原子弹爆炸产生的后果，他对家人一再说对当年发生的事情感到内疚和不安，1985 年 8 月 4 日，他在洛杉矶郊外的公寓里自杀身亡，终年 60 岁。

杜鲁门总统的夫人贝丝，也对总统下令使用原子弹感到不满，直到 1972 年杜鲁门去世，贝丝一提到这事，仍愤怒地指责丈夫的行为过于残暴。

当然，在许多人为投掷原子弹而深感不安的时候，也有一些当事者对这件事不以为然，杜鲁门总统就是一个代表。他在原子弹爆炸后曾发表了一份声明："对于原子弹的使用，我比任何人都感到不安，但日本人对珍珠港的袭击和杀害战俘的肆无忌惮的做法，更令我感到不安。他们所懂得的唯一语言似乎就是我们对他们进行的那种轰炸。当你面对野兽时，你就得使出对付野兽的办法……"

也是出于同样的原因，"安诺拉·盖伊"号飞机的机长蒂贝茨在广岛遭轰炸 40 年之后，仍然对当初的所作所为表示"至今不悔"。1985 年，这位已是古稀老翁的蒂贝茨在接受法国《费加罗》杂志记者采访时公然说："当这个使命交给我的时候，我感到幸运。在我投下炸弹 40 年以后的今天，我也可以重申：我对此一点也不感到遗憾。对于我所做的事情的回忆，并未使我受到丝毫良心上的折磨。在这整整 40 年里，我没有过一次不眠之夜。我深信，这样做，是为了拯救在进入日本列岛时会蒙受牺牲的美国人的生命。原子弹减少了无谓的牺牲，只有原子弹才是结束战争的有效武器。"

杜鲁门和蒂贝茨所表露的似乎是一种普遍的情感，日本军队的残暴是举世闻名的，在侵略战争中，他们犯下的罪行，罄竹难书。他们奴役占领地的人民，抢劫财产，烧毁房屋，奸淫妇女，还进行集体活埋，或挖眼、割鼻、活体解剖，给许多国家造成无比深重的灾难和耻辱。他们还公然违反国际法，对中美等各国战俘公然残酷杀害。

许多人以为日本人民是善良的、爱好和平的，但在"二战"期间，也有很多日本人是积极支持日本军国政府的侵略政策。珍珠港事件后，日本举国上下热烈地进行了庆祝活动。东京、大阪、横滨、京都和奈良等地连续三天三夜游行庆祝。人们奔走相告，交相赞颂，全国沉浸在一片欢庆的海洋之中。在皇居二重桥外参拜的人群如山如海，络绎不绝。男人们高呼："天皇陛下万岁！"甚至妇女也身着盛装，前来祝贺，向皇宫深深鞠躬。

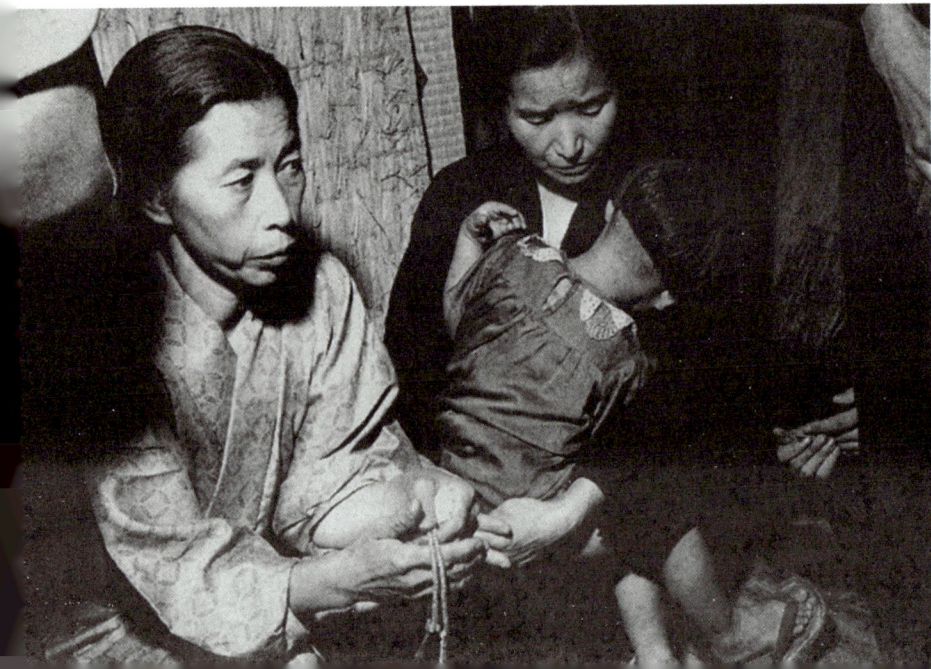

◀ 原子弹爆炸中的幸存者，
她们正为失去亲人而悲痛。

1945 年 8 月 15 日，天皇裕仁宣布投降后，东京有数千户家庭来到二重桥外，全家老小跪伏在地，面对皇宫，叩头遥拜，痛哭不已。有的人在激愤中剖腹自杀，还有的竟全家老小三辈共同自刎，以死报国。东京青山通有的全家卧轨自杀。横滨一所小学听到天皇投降诏书后，校长便带领一群小学生集体投海自尽了。他们为什么要这么做呢？因为他们狂热地、坚决地拥护的侵略战争已失败了，他们绝望了，愤怒了，才做出了这一幕幕其他国家无法想象的事来。

在使用原子弹的问题上，当时美国政府的决定代表了大多数美国科学家和美国民众的心声，"既然面对的是野兽，就得使出对付野兽的办法"。日本士兵具有浓厚的武士道精神，他们在被侵略民族面前是杀气腾腾的凶神恶煞和刽子手，而在日本天皇和各级军官上司面前却又是十足的奴仆和炮灰。他们充满了强烈的愚忠精神，视死如归，宁愿被烧死在洞穴中也不愿投降，他们可以毫不犹豫地驾驶飞机去撞美国的飞机和军舰。要彻底消灭这样的军队，自然又是一场大屠杀，而且盟军的代价无疑也会十分惨重。

在二次大战末，美国有一个人的话很生动地说明了日本人民是拥护日本的侵略战争的。这个人名叫埃德温·莱顿，是一位毕生从事日本人心理学研究的教授。当时，美国要给日本投放原子弹，但此时的美国海军上将尼米兹却很是疑惑，因为在他看来，投放原子弹是非常不道德的，但是，如果不投原子弹，又难以使具有浓厚武士道精神和大和民族精神的日本人投降，因而，他便去问埃德温·莱顿教授。这位教授说："将军阁下，在当今的日本，只有天皇有权使日本人停止战争，但即使对他来说，停战也不是轻而易举的事。如果他让日本所有的妇女都剪去头发，或者叫国民们倒立起来，用手走路，他们都将照办不误。甚至如果他命令所有的男人都割去睾丸，99% 的人都会从命。但是命令军队放下武器，却又是另一回事。"于是，尼米兹打消了犹豫，决定投原子弹。这位教授的话说明，日本天皇的权威是极大的，但即使他仍难以让日本人投降。

对于那些好战的日本人来说，原子弹也许是一副清醒剂，使他们认识到战争的残酷。以前，他们发动的战争给别人造成的灾难和痛苦太多太多，但由于这些灾难和痛苦都发生在别人的身上，他们都感受不到。他们的军队不断取得胜利，他们对战争也越来越狂热。一个参加过南京大屠杀的日本兵宫本在 1937 年 12 月 16 日写给家人的信中说，"我们得到了中国的首都，也得到了首都的女人；这是个没有出息的民族，5,000 年的历史，对他们来说没有什么用；只有建立大东亚共荣圈才有希望。"如今，当原子弹在日本的本土落下时，他们才亲身体会到了战争的恶果，才明白和平的可贵。

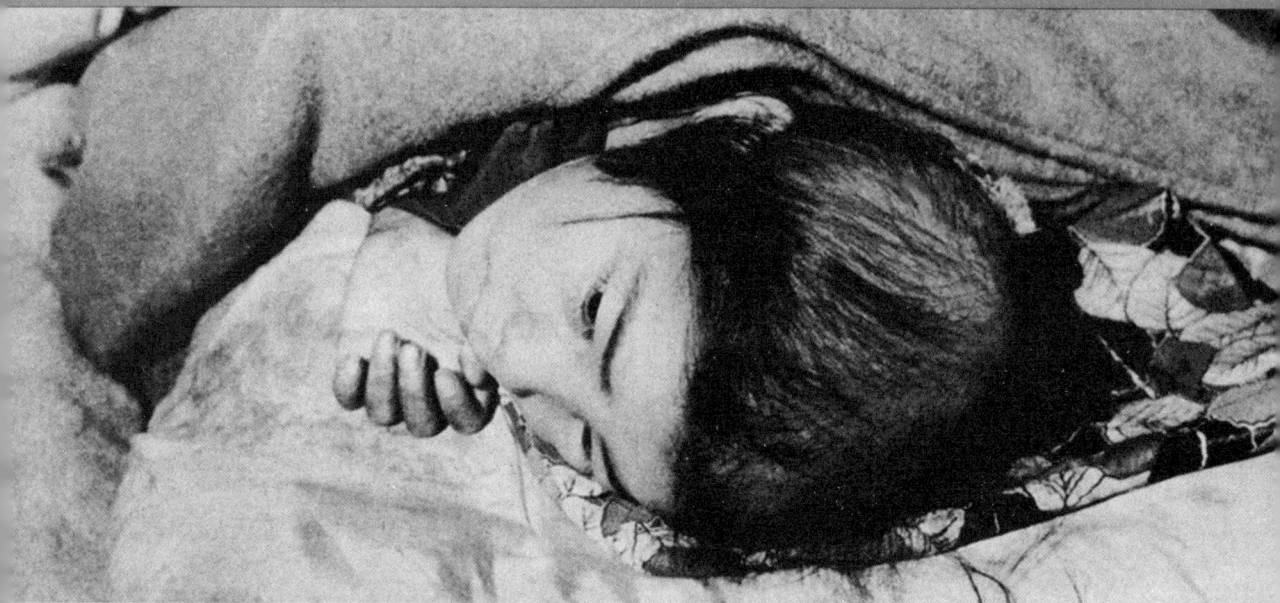

第十章

功过是非谁人评

　　面对越来越激烈的军备竞赛，许多人都深感忧心。原子弹的可怕不仅是由于它瞬间的巨大杀伤力，而且它在爆炸之后仍在杀人。几十年来，广岛和长崎的人民通过声势浩大的群众集会和游行，以亲身的经历控诉战争的罪行，呼吁销毁核武器。令人欣慰的是，广岛长崎的心愿越来越被各国人民所接受。

No.1 核辐射蔓延

随着原子弹的投下，和平真的到来了。但使格罗夫斯感到不安的是，越来越多的文章开始谈论原子弹带来的核辐射问题。报刊的头条新闻不断披露说，在未来 50 至 70 年之内，广岛和长崎已经不适合人类居住，因此，格罗夫斯受到许多来自宗教和和平团体的猛烈抨击。在格罗夫斯看来，这一切都是无稽之谈，纯粹是一个骗局，日本人只是为了博取世界各国的同情罢了。但另一方面，格罗夫斯也不能确定原子弹的破坏程度到底如何，如果真如报道所说，那么美军占领部队一旦进驻城市，不也同样成为受害者吗？于是他命令汤姆·法雷尔组成一个临时调查组，奔赴广岛，察看实情。

调查组由物理学家和医务人员组成，在调查组出发之前，《纽约时报》的记者威廉·劳伦斯和《每日电讯》报记者威尔弗雷德·伯切特已经来到广岛。

劳伦斯的报道重点集中在外观景象的描述，标题是《广岛之行：世界破坏最惨重的城市》。他没有太多的原子弹方面的知识，所以他的报道常常给读者一种错觉，比如他说"原子弹仍在以每天 100 人的数量杀害日本人"，读者们常常误以为这些人正在慢慢地死于烧伤。他列举了核辐射的主要症状，但没有详细地加以描绘。他只是把不断死亡的原因泛泛地归结于原子弹遗留的效果，从来没有具体地提到核辐射或者辐射疾病，而这一点正是争论的焦点。更关键的是，劳伦斯在报道中常常鼓吹原子弹的威慑力量，他甚至说为了不使广岛的悲剧不在华盛顿或纽约重演，美国就必须保持和完善空中的进攻和防御力量。

伯切特则不同，他在报道中也提到广岛有人在不断地死亡，但他把这些人的死因归结为一种陌生的、只能称作原子瘟疫的病症。伯切特的通讯将世界各国反对格罗夫斯的舆论推向一个更高的浪潮。《每日电讯》报的编辑还把伯切特的通讯加上了一个极富煽动性的标题《原子瘟疫》，副标题是"一篇警告全世界的文章"。尽管伯切特和劳伦斯两人的观点不同，但两人都没回答"广岛是否还适合居住"这个问题。

9 月 8 日，以法雷尔为首的美军调查团抵达广岛，令他们感到意外的是，广岛人并没有表现出特别不满的敌对情绪。来自东京的核辐射专家津津木雅教授向调查团简要介绍了情况，死亡人数太多了，除了烧伤、炸死和核辐射外，津津木雅暗示说，许多人是莫名其妙地死了，他进一步猜测美军的原子弹中是不是装有毒气。法雷尔不得不给他讲一讲原子弹的结构，以便说明原子弹中不可能装有毒气。

随后，津津木雅开始涉及到主要话题，在广岛居住是否安全。对此，法雷尔说一切要等调查后才能作出答复，如果在广岛绝对是不安全的话，他们的调查组也不会来到这个地方。

在法雷尔的安排下，科学家们携带各种仪器分成多个小组，分别到不同的地方做调查。

在离爆炸中心 2.5 公里的地方，塞伯尔在一处断壁上发现了一处烧焦的痕迹，他很高兴，这说明他们事先所估计的燃烧量是正确的。莫里森在红十字医院里，发现了一个与近处格子推窗相同的十字形图案，他确信炸弹起爆的高度和在洛斯阿拉莫斯的计算十分接近。在日军的一个司令部，向导告诉莫里森说，爆炸时，护城河里的睡莲变成了黑色，但后来它又活了。莫里森经过仔细观察，睡莲仍在生长，这说明土壤中没有渗入放射性元素，否则它早就死了。

9月12日，法雷尔调查组结束了调查，在帝国饭店召开了记者招待会，他宣布说，广岛不是一座完全被焚毁的城市，他承认有些人因为白血球下降而死亡，但他认为那只不过是一种不常见的副作用，如果治疗得当，不会产生危险后果。法雷尔的这些讲话其实是在重复奥本海默等人的论调，他们坚持认为原子弹和常规炸弹是一样的，只是爆炸规模不同罢了。这时，伯切特起身讲述了他在广岛的见闻，说到大批人死于放射性疾病，要求法雷尔对此作出解释，法雷尔仍坚持自己的看法，反复强调日本是缺乏足够的药品，使病人得不到很好的治疗。伯切特又列举了很多第一手证据，试图说明这些死者不是因为治疗不得当而死。法雷尔显得有些不耐烦，打断了伯切特的陈述，并说伯切特恐怕成了日本宣传的牺牲品。

调查组的高级军医沃伦上校也支持法雷尔的结论，他在9月10日发给华盛顿的秘密报告中说，因核辐射引起的死伤人数尚且不知，但初步调查结果表明，幸存者中只有少数人受伤。11月，沃伦向国会声称死于核辐射的人数比例是7%或8%。

从第二年开始，美国和日本都进行了更加详尽的调查，随着调查的深入，原子弹破坏力的真面目渐渐被揭开了。

原子弹是一种前所未有的破坏性武器。爆炸产生的巨大能量以光辐射、冲击波和核辐射等多种形式释放出来，短短的一瞬间，相当大范围内的物体都受到破坏，所有的人不是

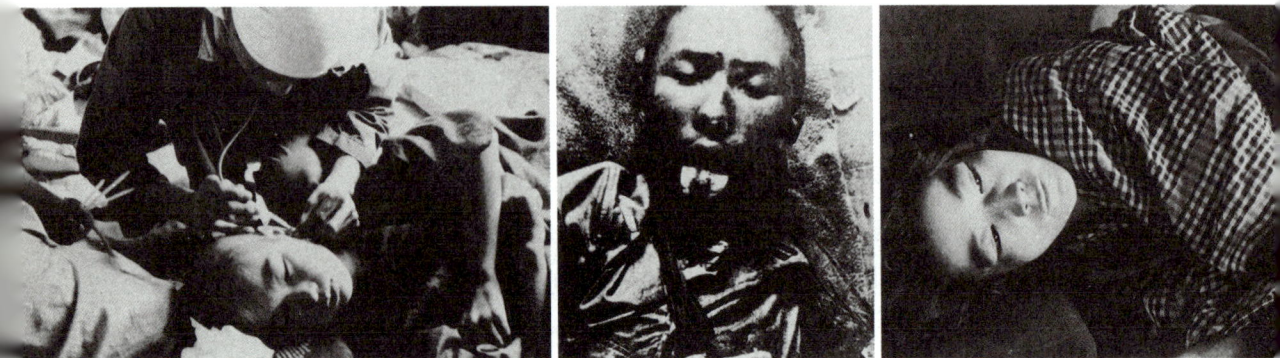

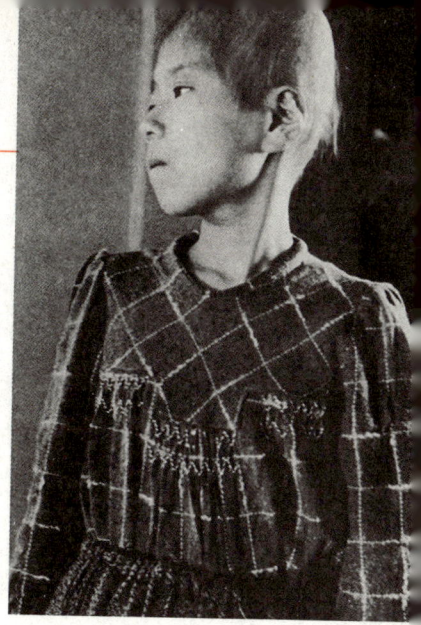

被杀死就是受重伤。

除了原子弹自身的强大威力，人们对这种破坏力巨大的武器既一无所知，又不知该怎样预防。在研制原子弹的过程中，"曼哈顿工程"的临时委员会就设想了原子弹使用的范围，不是用于敌对双方争夺的战场上，而是用在人口密集的"双重目标区"。这些地区不仅有军事设施和兵工厂，而且还有大量的民用住房和其他建筑物。广岛和长崎两个城市，房屋林立，人口密集，由家庭、学校、医院、政府、法院、银行、公司和工厂等各种组织和设施构成的地区性社会。原子弹一爆炸，这些充满活力的居民中心，立即成为一片废墟。在很短的时间内，男女老幼、军人平民、常住居民和流动人员、全部建筑物，以及所有的生活资源、社会结构和政府机关都毁于一旦。当地社会全部崩溃了，无数人骨肉分离，失去了亲友，失去了住房，人们赖以生存的全部条件都被摧毁了。

两座城市受到了全面的破坏，行政机构都混乱不堪，应付空袭和紧急状态的地方民防和救护组织也遭到毁灭性的打击。因此，爆炸后的幸存者和伤员得不到紧急救护。本来，广岛和长崎都是指定的防空区，除专设的宪兵队、警察警备队、警防团、国民义勇队等防御组织外，市内各街道还组织了街道居民组成互保组、救护组、防疫组，还建有专门的救护医院、救护所和掩蔽部，划定了火车、公共汽车和卡车的疏散路线。除此之外，还建有供应粮食、衣服和药品的避难所。但原子弹一爆炸，所有的应急措施都形同虚设。许多人不是死于那一瞬间的爆炸，而是被倒塌的建筑物压死，有的是被大火烧死，还有些是没有得到必需的治疗和护理而病死，情景万分悲惨。

和以前人类历史上出现的其他武器不同，原子弹能释放出常规武器所没有的巨大的核辐射能。这种能量可以穿透被爆者的机体，引起各种各样的损伤和疾病，辐射杀伤成倍地加重了大面积破坏的惨状，大大增加了死亡率。

有些居民由于疏散及时或者外出离城，而幸免于难，但他们失去了亲人，也失去了房屋和财产，家庭没有了，工厂没有了，只剩下孤独一人，遭受的精神打击是可想而知的。

　　总之，原子弹爆炸的破坏力是巨大的，它彻底破坏了一个地区的全部社会物质，也破坏了一个地区的生活秩序。把一个人赖以生存的社会环境全部消灭，使受害者的生理健康受到损害，对他的精神也大加摧残。再加上生活资源的丧失等各种因素，使人民的生活体系全面崩溃。一旦家庭的主要成员死亡或者失去劳动能力，由于在当时条件下，亲友、邻里和各种社团组织都无法互相支援，这就很容易导致一个家庭走向解体，更容易使人的精神走向崩溃。

　　原子弹不仅给广岛和长崎两个城市造成了灾害，来自周围村镇和其他地区的居民以及外国侨民也不能幸免，当时市内绝大多数人不是被炸死就是被炸伤。原子弹爆炸不仅对周围地区的居民造成伤害，甚至还殃及更远的居民。这些受害者，他们的家庭同样也蒙受沉重的打击和影响。除此之外，爆炸发生后，许多人纷纷来到这两个城市看望亲友，有些人作为民防和救护人员进入爆炸中心，还有些人淋上"黑雨"，这些人都受到了程度不一的剩余核辐射。这些射线不仅在当时对人有伤害，就是几十年后的今天，还对人有一些影响。可以说，原子弹不仅伤害了当时的人民，对他们的后代也不放过。

　　除了经济和社会的巨大损失，光辐射和核辐射造成的远期效应，常使人感到焦虑不安。这些因素综合起来，使当地人民恢复健康和正常生活十分困难。一般来说，常规战争的灾害是一时的，短期的，而原子弹的灾害是持续的，长期。原子弹的破坏表现为从人体到社会的全面摧毁，以及由此而造成的恶劣后果。

　　日本政府对原子弹爆炸的反应十分消极，一方面封锁消息，另一方面连必要的资料和救助也不提供。广岛和长崎的市民多次组织起来，从国家对战争的受害者应负有责任这个前提出发，要求政府对原子弹的受害者给予帮助，但日本政府迟迟不予答复。许多原子弹受害者无可奈何地被社会遗弃，陷入困苦的境地，逐渐衰老而相继死亡。

　　原子弹不但使广岛和长崎整个地区社会全面瓦解，还对人类不加区分地进行屠杀，这绝不是一次战争灾害。社会崩溃了，生态破坏了，生物灭绝了，可以说是一次赤裸裸地种族屠杀，是对整个地球和整个人类的威胁。广岛和长崎的遭遇使人们首次感受到灭绝的威胁。人类用自己的双手，制造出灭绝人类的东西，这无疑是现代文明对人类的嘲讽。

　　由于广岛没有被美军列入攻击目标，所以在原子弹轰炸前，基本上没有受到严重的空袭。尽管如此，广岛政府在 1945 年 4 月前按计划疏散了 2,500 户居民，以后又疏散了几次，主要是为了在政府机关等主要建筑物周围设立防火带。

▲ 广岛一个距离爆炸中心约 500 米的商业中心，在爆炸过后面目全非。

　　1946 年 8 月，广岛市对被毁的建筑物作了统计，广岛大约共有建筑物 76,327 幢，被毁总数是 70,147 幢，大约 92% 的建筑物被毁坏。广岛原子弹的爆炸中心投影点在市中心，离爆炸中心投影点 2 公里内，所有建筑物几乎全被烧毁和破坏。

　　据长崎市政府调查，战前长崎市的住宅数约 51,000 户，原子弹爆炸前疏散了 2,050 户。房屋被破坏 19,500 户，大约有 37% 的建筑物被毁坏。

　　对于原子弹爆炸的受害者人数，由于广岛和长崎在炸前都没有准确的统计资料，因此不能准确统计伤亡数。当时，适龄的青壮年全部应征入伍，儿童和老人疏散，工厂迁移，市民外流很多。另外，为设立防火线动员了大量学生和国民义勇军等进城拆毁建筑物。广岛还有几个军事设施，里边有不少军人和民工。驻扎着广岛的第二军总司令部为准备在日本本土决战，正招兵买马，扩充兵员。长崎动员了大量的学生报国队、女子突击队和国民义勇军，甚至还有俘虏和囚犯，还从朝鲜强征了许多朝鲜人加强军火生产。据估计，长崎的人口比广岛还多。

　　战后的调查表明，在爆炸中心点 0.5 公里的范围内，人口死亡率是 90% 以上，0.5 至 1.0 公里的范围内，死亡率是 80% 以上，1.5 公里范围内，死亡率是 50% 以上，由此可见，原子弹对人员的伤害相当严重。原子弹爆炸的受害者不仅指瞬间爆炸时的直接受害者，还有很多受放射性影响的间接受害者。受剩余核辐射的间接受害者大致有三类人：一是爆炸后，急急忙忙进城寻找家人和亲戚朋友，或参加救助活动和清理废墟的人，这些人很早就进入了市区。二是指救护人员，主要是那些在紧急救护所和收容所救助伤员和处理遗体的医护工作者。还有一类是指淋到"黑雨"而沾染上"死灰"的人，由于"死灰"具有放射性，他们也成了受害者。

这些间接受害者受到的核辐射比直接被爆者要轻得多，但至于这种放射性的危害，没有人知道它能持续多少年。原子弹爆炸后，两市随即陷入毁灭状态，不仅政府不起作用，连防卫、救护、医疗、警备、消防等部门也都遭到破灭，全市顿时一片混乱。广岛市政府战前共指定6个避难所，分别位于市政府、本川国民学校、福屋百货商店、工商经济会、安艺高级女子学校、多闻院，后两个离市中心比较远，政府在这6个地方建立了比较坚固的建筑物。但爆炸发生后，这6个地方几乎都被烧毁或倒塌，无法使用。

原子弹到底戕害了多少个生灵，13万？ 17万？……统计数字不稳定，但毫无疑问地始终呈上升趋势。日本1956年成立了一家特别医疗中心——广岛原子弹医院，床位多达200张，一直在收治大量的"原子弹"复合症，诸如智力迟钝的痴呆、染色体"畸变"的不育症、癌症、白血病、复合骨髓瘤以及其他罕见的血液病等慢性病变的患者。

据不完全统计，原子弹爆炸后，广岛当时疏散人口的245,000人中，当场死难者达78,000多人，负伤失踪者为51,400多人。1985年7月20日广岛市有关部门发表的原子弹被害者调查报告中公布：广岛直接遭受原子弹侵害和受到原子弹放射影响的被害人数达49万！长崎当场有34,000多人死亡，75,000多人受重伤。在伤亡人员中，很多人就是受到放射性沾染的伤害。据2003年的统计，长崎市遭受原子弹爆炸伤害并已经相继离开人间的人数已经达到131,885人。

No.2 渐渐兴起的禁核运动

广岛、长崎由于受到原子弹的打击，从而成为举世闻名的城市。但是，对这两城市所遭受的破坏情况和灾难性后果，绝大多数人所知甚少。美国竭力炫耀原子弹的威力，一再强调说投掷原子弹是为了尽快结束战争，为了最大限度地减少伤亡。而对于原子弹所造成的影响，则尽力掩盖。在广岛投弹一年后，有关广岛的大量报道被禁止刊登，美国新闻检查局极力掩盖广岛的真相，麦克阿瑟的部下认为，只要把格罗夫斯和奥本海默所做的这些令人恐怖的事情压制住，时间一长，事实真相就会渐渐被人遗忘了。

1946年4月，美国作家约翰·赫西抵达广岛，首次披露了广岛市民所经历的苦难。赫

▲ 在长崎爆炸中心的一个十字路口，一具烧焦的尸体被压在电缆下面。

西曾是《时代》周刊的战地记者，写了许多有关二战的报道，特别擅长写作人类苦难的题材。一个偶然的机会，《纽约人》杂志主编威廉·肖恩向他提到广岛事件，赫西决定去做一次实地采访。在前往广岛的路上，赫西恰巧阅读了桑顿·瓦尔德的长篇小说《圣路易斯瑞之桥》，这是一部描写灾难性题材的故事。这本书给予了赫西很大的启发，他决定把轰炸广岛的可怕事件提高到人性的高度，赫西希望通过一些幸存者的眼睛和耳朵来讲述这一恐怖的故事。他选择的都是普通人，但他们都是这一事件的目击者。

赫西一共在广岛采访了3个星期，他渐渐发现广岛事件是多么可怕。幸存者的经历都是闻所未闻的，赫西深深地被打动了。他回到家里后，全身心投入到写作中，他常常把自己想象成灾难中一员，他的描述也常常给读者身临其境的感觉。他的语言十分精练，尽量使作品风格变得平淡一些。故事共分4部分，当肖恩编辑完第一部分后，他对赫西说，1946年8月31日，《纽约人》将把第一部分的4个章节同时发表。这也是《纽约人》第一次用一期的篇幅全部发表有关广岛的文章，这样的尝试成功了，《纽约人》这一期杂志很快畅销全国。读者对这篇文章反响极其强烈，在赫西去广岛之前，人们都以为广岛已经变成了一片瓦砾，没有任何生机。而赫西的文章使他们明白，广岛依旧是广岛，尽管它受到了巨大的创伤，它仍然充满生机，仍然是10万幸存者的家园，那些幸存者仍然为生存而努力奋斗。就这样，美国从《纽约人》杂志上了解到了"原子疾病"综合症，在赫西笔下，许多幸存者所得的病并不是致命的，只是缺乏精力而已。当然，赫西不可能预料到，白血病、癌症等正潜伏着，直到1949年才大规模出现。

赫西在书中写道，每年8月6日，广岛都要为死者举行纪念活动。每当太阳落山后，成千上万的幸存者聚集在河边，把无数只纸糊的灯笼放到水面上，灯笼里是点燃的蜡烛，象征着生命。每只灯笼上都写着在爆炸中丧生的亲人的名字，当灯笼缓缓随着河水漂走时，也带走了人们的祝福。

许多原子弹幸存者在经历过灾难之后，常常表现得有些怪异。他们爱穿长袖衣服，尽可能掩饰身体的伤痕，谈话时不愿涉及原子弹的话题，对于政府设立的原子弹受害者救济金，他们也不去领取。原子弹成为他们心中永远的伤痛，稍稍触及，就会令他们感到痛苦。尤其是妇女，常常躲在家里深居简出，把自己封闭起来。年轻的森下文子就是这样，她的身体表面上看来完好无损，但她看到那些距爆炸中心比较近的妇女生的孩子大都智力痴呆、脑袋畸形时，文子对将来彻底绝望了。她拒绝了男友的求婚，不忍心把原子疾病传递给下一代。最终，男友不得不另寻他人，而文子终生未婚。

文子的未婚夫是个例外，多数情况下，原子弹受害者往往受到社会的歧视。当他们寻找工作时，由于这类人易于疲劳，不能干重活，稍有不适就要去看医生，所以大多数工厂不愿接收这样的工人。至于那些有明显伤痕的人，比如面容烧坏了，或者身体上的肌肉有些萎缩了，他们更易受到歧视。在日本传统文化中，对于损坏的容貌有强烈的反感，身上有了伤疤的人常常找不到对象，也不允许进入公共浴池。所以，那些原子弹受害者往往会受到社会的遗弃。在这种情况下，原子弹受害者常常显得意志消沉，但也有一些人是例外，他们认识到，广岛的悲剧是战争造成的，他们都是战争的受害者。如果人类能够和平共处，悲剧就不会发生。伊藤荣就是这些人中的一员，她多次向东京政府呼吁，关注原子弹幸存者的生活。另外，她还以原子弹受害团体广岛委员会主席的身份，多次出访国外，参加禁止原子弹的游行。每次出行，她的口号总是"广岛悲剧不容重演"。

50 年代初期和中期，关注广岛的医生们发现，凡是在爆炸中心半径 1 公里范围之内，幸存者患白血病的比例是正常人的 50 倍，患其他癌症，包括甲状腺、肺部和胸部恶性肿瘤的比例也是正常人的 3 至 6 倍。这比身体表面的伤痕更加可怕。1952 年，随着美国占领军的撤离，逐步取缔了新闻检查制度，报纸上对这类事的报道渐渐多了起来。1955 年，有一位叫酒井的小姑娘被白血病夺去了生命，人们开始关注这件事了。酒井在原子弹爆炸时仅仅 2 岁，她离爆炸中心有 2 公里，当时没有受到任何外伤。有一天，她突然晕倒在校园里，最后不治而死。整个日本都为酒井而哭泣，专门为她建了一座纪念碑。

1962 年，耶鲁大学的精神病学者罗伯特·利夫顿来到广岛，研究广岛爆炸之后幸存者的心理问题。他发现广岛已经变得欣欣向荣，高楼拔地而起，和平大街横贯市中心，大约有 100 米宽。在原子弹爆炸中心附近约 12 万平方米的废墟上，修造起一座和平公园，公园的中心是和平博物馆，每天都有很多人来参观。但利夫顿也发现，原子弹受害者的心灵深处充满着阴影。在他采访的 75 人中，每人都有一颗不平静的内心，他们对当年那沉重的一幕仍然刻骨铭心。原子弹爆炸仅仅是一个开始，核辐射的无形污染，各种原子弹疾病的威胁，生活中遭遇的各种歧视，都使他们把自己有意识和社会隔绝起来。这些人总显得十分多疑，变得十分敏感。浜井新三和利夫顿谈到广岛人十分关注的一个问题。和平公园中心树立着一座原子弹墓碑，墓碑上刻着一行字：安息吧，但愿这一错误不再重复。其中"错误"二字引起很大的争议，有人认为错误是指责日本发动了这场战争，但浜井和大多数广岛人都认为，错误指的是美国人的行为，美国人是利用科学的成果进行屠杀和毁灭。

当然，广岛人并不要求把那些命令投放原子弹的人处死，但美国人从来没有表现出丝毫的歉意，这使广岛人感到很气愤。广岛人可以理解在战争期间美国人为什么使用了原子弹，但不能理解杜鲁门的说法，他竟然认为投放原子弹是最正确的决定。

▲ 参观者在广岛和平公园门口的原子弹爆炸纪念馆碑前为死难者祈祷。

如今的广岛，除了那座特意保存的"原子屋"遗址外，表面上已看不出有任何创伤。和平博物馆每年接待约 120 万游客，博物馆的展品包括弯曲的铜币、烧焦衣物的残骸，以及许多可怕的烧伤者的照片。它们都在无声地控诉着原子弹的残暴无情。一些参观者流下了同情的泪水，一些参观者则提醒日本人不要忘记珍珠港事件。

长崎地形三面环山，所以损失小于广岛，但长崎的人民对原子弹同样有着深刻地体会。今天，长崎已经渐渐摆脱了原子弹的阴影，渐渐地走上了正常的生活。漫步在长崎的街头，可以看到这座城市至今还保留着有轨电车，蜿蜒崎岖的路面十分整洁，路旁绿草如茵，鲜花竞妍。街道两旁的建筑物不高，有的外墙也已斑驳脱落，但商店的门面大都装修得十分考究。尤其是小街巷里星罗棋布的酒家，旌旗斜挂，煞是壮观，夜里在五颜六色霓虹灯的点缀下，更为古老的城市增添了不少生机。

经过 50 多年的发展，长崎的工业基础十分雄厚，钢铁、电机、化工、造船业十分发达，尤其是造船与电机制造业在国际市场占有很大的份额。对长崎印象最深的仍然是原子弹爆炸纪念馆及和平公园。这个纪念馆建在被原子弹摧毁的天主教堂废墟上，以实物、影像及图片展示了 1945 年 8 月 9 日原子弹爆炸的全过程。那扭成麻花状的桥梁钢架，学校、工厂、医院等建筑物的残垣断壁，堆集如山的尸体，充分再现了原子弹爆炸所造成的恐怖与惨烈。与原子弹爆炸纪念馆相邻的是和平公园。公园南入口处竖立着一座黑色大理石纪念碑，碑上刻着一位少女的日记，她死于核辐射，日记写道："爸爸、妈妈死了，哥哥、姐姐也不在了，我渴，我要喝水。"当日记写到第 7 天时，少女在饥渴中痛苦地死去。公园建设者别出心裁，在纪念碑背后堆砌了一座巨型喷泉，不停喷洒的泉水与碑文诉说的情节构成强烈的反差。每个参观者置身其间，都有一种简直心就要被撕裂的感觉。沿着公园的中轴线向北走，草绿花红，一片生机盎然的景象，当年战火的痕迹早已看不到了。公园的尽头是一尊巨大的"和平神像"。他左手平伸，象征祈求世界和平，右肩抬起，以手指天，象征控诉原子弹的罪恶。他的面部神情庄重肃穆，象征为战争中的死难者祈祷，希望人类永远摆脱战争和原子弹。

战争结束后，广岛和长崎的市民一贯主张禁止核武器，每年在美国投下原子弹的那一天，这两个城市都要发表和平宣言。两市的居民都亲身体验到原子弹对人类生存的威胁，一致认为绝对不能使用原子弹。两市的大多数人是原子弹的所害者，对使用原子弹的非人道行为怀有强烈的愤慨情绪。战后不久，他们仅仅把愤怒直接指向投掷原子弹的美国。随着时光的流逝，经过反省，他们把愤怒的矛头转向本国政府，因为是日本政府把日本引入了战争，多次犯下大屠杀的罪行。于是他们转变了态度，主张禁止核武器。

1954 年 3 月 1 日，美国在太平洋马绍尔群岛的比基尼环礁进行了氢弹爆炸试验，290

原水爆禁止世界大会
WORLD CONFERENCE AGAINST ATOMIC & HYDROGEN BOMBS

▲ 1955 年 8 月 6 日至 8 日，第一届禁止原子弹氢弹世界大会在广岛召开。

人遭到试验的危害。当地 3 个珊瑚岛上的 239 名居民中，有 46 人在随后的 10 年内死亡，在郎格里岛上的美国气象工作者，28 人受到辐射。爆炸发生 3 个小时后，在比基尼群岛以东约 1 公里处捕鱼的日本"福龙丸五号"渔船，受到"死灰"的沾染。尘埃连续降落 6 小时，23 名船员很快出现头痛和恶心的症状。3 月 14 日，渔船返回烧津港，经诊断，全体船员都患了"原子弹病"，皮肤出现水疱，头发脱落。9 月 23 日，最严重的久保山爱吉死去。从捕回来的鱼中也检测出有很强的放射性。此事震动了日本国民，3 月 27 日，烧津市议会代表市民的愿望作出决议，禁止把原子能作为武器使用。随后，日本全国的地方议会几乎都做出反对原子弹的决议。国会参、众两院也做出"国际监督原子能的决议"。民间各界都明确发表声明和抗议。国民呼声中，最突出的 5 月 9 日的"杉并呼吁"，它由极普通的市民团体"杉之子会"发出，该会是东京杉并区妇女读书会，她们自发组织了"禁止氢弹签名运动杉并协议会"。据说，杉并妇女到市场买东西的菜篮子里都装着签名簿。到了 11 月底，共有 1800 万人签名。

"杉并呼吁"的口号为：全体国民参加"禁止氢弹"签名，呼吁世界各国政府与民众禁止氢弹，保卫人类生命与幸福。它排除了政治色彩，阐明了人道主义立场。人们从比基尼受害和"死灰"恐怖中，联想到广岛、长崎的被炸惨状。比基尼事件的新核恐怖冲击，使广岛、长崎反原子弹的情绪更加高涨，推动了规模更加宏大的反对原子弹的国民运动。

1954 年 5 月 15 日，在广岛召开了禁止原子弹氢弹广岛市民大会，会议发表声明，禁止制造、试验和使用核武器。8 月 6 日，召开了和平大会。呼吁制定被爆者援护法。到了 8 月末，100 多万人签名支持这项运动，签名簿被送交联合国总部。1955 年 8 月 6 日，在原子弹爆炸 10 周年之际，在广岛召开了禁止原子弹氢弹世界大会，有 12 个国家的 54 名代表参加。高桥昭博和山口女士代表广岛和长崎被爆者做了发言，他们以自己的亲自经历痛斥了原子弹带给人类的危害，与会者对援助被爆者和废除核武器的倡议报以雷鸣般的掌声。

1960 年以来，社会各界纷纷要求彻底调查原子弹灾害的全貌，随着呼声越来越高涨，日本开始做了许多调查工作。从被爆者的立场出发，查清受害的状况，把被爆者的体验记录下来，世代相传，成为调查的主要目标。随着原子弹爆炸灾害的真相大白于世，禁止核武器逐渐成为所有关注人类命运、爱好和平人士的一项共识。

爱因斯坦在逝世前，曾多次写文章，说明核战争对人类的严重威胁。在生命的最后几天，他与英国哲学家罗素共同发表了著名的《爱因斯坦——罗素宣言》，对全世界发出警告："我们将结束人类的生存呢？还是人类将结束战争？"今天，随着各国禁核运动的发展，我们渐渐有了对抗灾难的信心，核战争不是不可以避免的。

▲ 1977 年空中俯瞰下的长崎市。

图书在版编目（CIP）数据

核击日本 / 二战经典战役编委会编译 . -- 北京：
中国铁道出版社，2016.1（2022.1 重印）
（时刻关注）
ISBN 978-7-113-20461-7

Ⅰ．①核… Ⅱ．①二… Ⅲ．①美国对日本广岛、长崎原子突袭（1945）
—通俗读物Ⅳ．① E195.2-49

中国版本图书馆 CIP 数据核字（2015）第 117829 号

书　　名：**核击日本**

作　　者：二战经典战役编委会

责任编辑：田　军　　　　电　话：（010）51873005

编辑助理：郝玉敏

装帧设计：艺海晴空

责任印制：郭向伟

出版发行：中国铁道出版社有限公司（北京市西城区右安门西街 8 号　邮编 100054）

印　　刷：永清县晔盛亚胶印有限公司

版　　次：2015 年 7 月第 1 版　　2022 年 1 月第 3 次印刷

开　　本：787mm×1092mm　1/16　印张：10　字数：250 千

书　　号：ISBN 978-7-113-20461-7

定　　价：39.80 元